穿越时间

Eric Jones

埃里克·琼斯

奉献

生活可能是有回报的，有时也可能是复杂的我想把这本书献给所有参与塑造我生活的女强人。

我的成长经历非常卑微，我的祖母总是在我身边勤奋工作。她的力量、智慧和对家庭的奉献是无与伦比的。

我试着以祖父母为榜样，因为我站在巨人的肩膀上，我每天都在前进，知道他们生活在其中。在写这本书的时候，我想通过寻找自己的视角与世界进行一次对话，确定什么是重要的，以及我们如何穿越时间，让生命变得有意义。

我有幸拥有一个美好的家庭和坚强的女儿，她们永远是我的拥护者，我希望这些页面中包含的内容能改变读者的生活，让他们找到方向、满足感和成就感，这是我在以后的生活中才学到的。

当我们在想象中的过山车上穿越时间时，我们都在打卡，过山车可以加速也可以减速。有时，它是颠簸的，但根据我们的选择，它可能会很平稳，因为它会把我们带到下一个存在的层面。我感谢你为踏上这段旅程所付出的时间和努力，我希望你的时间花得很好。

内容

第一章: 引言

们都能穿越时间。时钟的钟摆在眨眼之间摆动，每一秒都在流逝。你掌握的瞬间就像沙粒从张开的手指上滚落下来一样，消失了。在某些方面，这些时刻包含了你生活中失去的反思和投资机会，使你能够实现更高的目标和成就感。这种意识有时会让一个人渴望回归，并以不同的方式生活在这些时刻。我们中的大多数人不时回顾那些充满机会的逝去时刻，并意识到我们无法夺回已经逝去的时间。我们都控制着我们前进的方式，从而控制着我们学习和成长的方式。

本书的内容旨在帮助你发现有助于一个人性格和决策过程的决策，并确定哪些因素可以导致更高水平的成就感。

满足感与我们现在的生活息息相关；它可以定义为我们如何执行我们的生活方式或花费我们的时间。我们的价值观有时会引导我们如何看待自己的期望和形象，以及生活的节奏和装饰如何与我们的想象纠缠在一起。结果是，我们开始想象满足感会是什么样子，如果我们不能将这种愿景与现实相一致，可能会导致一定程度的焦虑和生活疲劳。我想让你知道，你有权力和责任以一种对你的思维过程和灵魂有意义的方式来承载和塑造你的生活，使其与你的个人价值观相一致。我希望探索这种一致性将帮助你在生活中获得更多的满足感，因为它与实现感和满足感有关。每个人都有一个精神和物质的存在，他们同时过着两种生活，一种在想象中，在他们的脑海中，另一种在物质世界中。选择和意识的力量使他们有能力思考和识别自己的愿望，他们寻求在物质世界中实现这些愿望，过上充实健康的生活。

进步生活或更好生活方式的定义取决于每个人观察世界的能力，以及他们在生活中寻求什么的能力。一个精神上的和身体上的存在有能力理解它们当前状态和期望状态之间的差异；这使他们能够认识到自己的愿望和梦想。

对价值观的追求有助于人们设定目标，在他们设想的时间内实现这些目标，这可以带来满足感。然而，无法在期望的时间内完成这些任务会导致沮丧、停滞和生活压力，这可能会导致不满。我们都有一个生命，我个人想从这段经历中得到最大的收获。与其接受愤怒或失败，我们可以探索如何改变你的心态，专注于重要的事情。

一个对自己的生活和进步感到满意的普通人可能不需要积极主动，但我们中的许多人都认识到，如果生活可以微调或调整一点，那么我们可能会得到更好的接待，并有更好的整体体验。对于那些能够有意识地感知内心世界的人来说，这是可以实现的，因为他们可以利用分析的力量来理解完成获得满足感的工作所需的指导手册。分析是知识的根源，是求知欲和求知欲的源泉，哲学由此诞生。哲学是建立对你的内在和外在世界的理解，以做出正确的决定，有意识地生活，并抵制保持自动驾驶模式的冲动。

什么是哲学？

哲学是一种具有非凡深度和广度的智力追求，可以定义为对人类生存核心的基本问题进行有纪律和有条理的审视。换言之，寻求真理来理解我们周围事物的本质及其在物理世界中与我们的互动是一种植根于理性探究的活动，它冒险进入本体论、认识论、伦理学和形而上学的领域，解开现实、知识、道德和我们共同人类经验的奥秘之间的复杂联系。

通过运用批判性思维、逻辑推理和细致分析等强大工具，哲学开始探索隐藏在我们意识意识之下的难以捉摸的真理。

形而上学

形而上学深入探讨了关于现实本身本质的基本问题。形而上学沉溺于对真主的存在、真理难以捉摸的本质，甚至是心灵和身体之间神秘关系的探究。以大胆和求知欲，形而上学试图揭示塑造我们世界物理和非物理方面的基本原理和结构。准备好深入探究存在的核心奥秘。

认识论

认识论，即对知识的研究，涉及事物和周围环境。除此之外，它还回答了我们如何获得知识。认识论者努力理解知识的本质，并利用他们的探索心态来寻找他们不知道的东西。

他们努力获得知识有助于他们理解事物并确定其真实性。他们经常发现自己陷入了自我怀疑的迷宫，即使获得了知识；然而，这正是追求知识的本质所在。

道德准则

伦理学被认为是道德的同义词，它关注的是一个人采取理想行为的能力。伦理学邀请我们思考永恒的问题，对与错，好与坏，以及我们理想的生活方式。当我们穿越道德原则和伦理理论的许多领域时，我们想揭示人类行为的复杂性及其影响。当我们在艰难的道德决策领域进行谈判，努力为自己和他人改善世界时，道德应该是一个指南针。

思维方式

逻辑可以定义为对推理和有效推理的系统研究和应用。这是一门研究指导正确和连贯思维的原则和规则的学科。其核心是，逻辑旨在建立一个评估论点、确定其有效性或无效性以及评估结论合理性的框架。

逻辑学为分析和评估论点的结构和连贯性提供了一套工具和方法。它考察了演绎和归纳思维的基本原理，以及逻辑结论是如何从前提中得出的。归纳推理包括根据特定的观察结果或数据进行概括，而演绎推理是从一般原理或前提中得出具体结论。逻辑可以解释为根据典型思维所理解的有效性原则进行推理的活动。

逻辑与情商

分析逻辑和情商之间的相互作用，揭示了它们在培养健康关系方面的互补性。逻辑，以其最纯粹的形式，是一个可以支持情商的基础框架，使个人能够有效地驾驭自己的情绪和人际互动。

逻辑提供了一个分析视角，通过它可以理解和管理情绪。通过运用逻辑思维，个人可以批判性地评估他们的情绪反应，并评估他们在不同情况下的有效性。这个过程包括识别引发某些情绪的潜在因素，并检查相关的想法和信念。通过逻辑分析，人们可以识别可能影响情绪反应的模式、偏见和认知扭曲。这种增强的自我意识通过培养对动态景观的更深入理解来增强情商。逻辑在解释和回应他人情绪方面起着至关重要的作用。

通过运用逻辑推理，个体可以对不同的视角产生共鸣，从而实现更准确、更敏感的情感理解。逻辑思维有助于客观分析语言和非语言线索，解码情绪表达，并辨别某人情绪背后的潜在动机或需求。

这种合乎逻辑的同理心使个人能够做出适当的反应，在情感体验中为他人提供验证、支持和理解。

随着时间的推移，发展和维持良好的关系需要情商。它包括意识、理解和控制自己情绪的能力，以及意识和同情他人情绪的能力。有情商的人可以更好地解决纠纷，清晰地沟通，增进尊重和信任。

关系中的和谐平衡可以通过整合逻辑和情商来实现。逻辑思维有助于调节情绪，防止冲动反应，并促进深思熟虑的反应。它使个人能够清楚、合理地处理情绪情况，最大限度地减少误解和冲突升级。同时，情商培养了同情心、同理心和敏感性，创造了一个安全和支持性的环境，在这个环境中，情感表达受到重视和理解。

哲学与历史

哲学和历史在理解和获取知识的追求上是相似的。可以说，理解历史本身就是一种哲学努力。这两个知识领域在知识和理解的精神协作中连接在一起。把它们想象成两股力量，探索人类思想的广阔走廊，拥抱过去和现在，照亮存在的奥秘。历史就像一个经验丰富的故事讲述者，揭示了过去时代的独特叙事，让我们得以一窥前任的思想和沉思。它提供了大量发人深省的联想，让我们见证了塑造我们世界的逻辑争论、概念革命和宏大的哲学思想。

当哲学家们深入形而上学探究的深处时，历史张开双臂迎接他们，低声讲述亚里士多德、笛卡尔和无数其他哲学名人的秘密。它成为一艘穿越时空的船，将我们带回哲学探索开始形成的古代文明。在时间走廊上的每一步，我们都会遇到知识巨人们在努力解决基本问题，为我们的哲学探索提供垫脚石。但历史不仅仅是哲学的附属品。它是一个补充我们理解和推动我们推理的伙伴。它提供了一系列来自过去的想法、挑战和胜利，为我们当代的哲学话语注入了活力。通过研究那些在我们之前的人的胜利和磨难，我们对他们所进行的智力斗争、塑造他们思想的文化背景以及他们贡献的永恒意义有了更深的理解。

历史赋予哲学论点经验证据的分量。它成为检验理论、提炼思想和挑战假设的实验室。通过深入研究历史事件及其后果，哲学找到了现实世界中支持或挑战抽象概念的例子。它成为批判性思维、伦理评价和人类生存复杂性的游乐场。

哲学和历史之间的联系可以被视为一种学术努力和一次引人入胜的知识之旅，生动地展示了意识形态、文明和知识潮流的复杂互动。它们共同构成了一个充满活力的二人组，丰富了我们对世界和我们自己的理解。哲学从历史的智慧源泉中汲取灵感，而历史则通过哲学探究获得语境。在这场智力探索的华尔兹中，哲学和历史携手揭示了人类经历的美丽和复杂性。它们提醒我们，历史上伟大的头脑一直在思考我们的问题、困境和寻找意义。它让我们明白，我们都有了解和理解世界的动力，这使我们能够从多个角度看待周围的环境，最终给我们更多的空间，让我们对周围的人和事得出不同的结论。

哲学与智慧

这个领域通常被认为是智慧的同义词；智慧的定义是通过对自己和他人的观察、感觉和体验来寻求对世界的理解。因此，每一个健全的人都可以被称为哲学家，因为他们对世界的独特视角，是他们从自己的经历中继承的，也是他们从源头上构思的知识。这些经历有助于形成对不同生活概念和范式的看法，这些概念和范式有时被用作做出道德决定和寻求生活平静的基础。

我们关于和平与道德的经验和观点导致了罚款司法制度和惩罚施虐者或罪犯的法律。地球是由我们的哲学所统治或塑造的，这些哲学可以因为我们的不同经历而重新定义。然而，通常情况下，我们的观点和观点是一致的，因为我们遇到的情况需要基于道德、逻辑和理解做出决策。我们的存在可以被描述为沟通的同义词，因为我们与有生命和无生命、可见和不可见的实体接触。

我们获得的知识源于我们交流和理解语言和非语言信息的能力。这些对话是拓宽我们心态、把握现实本质和追求真理的催化剂。这种交流推动了伦理和哲学的演变，引发了关于惩罚概念的辩论和形成了意见。以一个入室盗窃的人为例。我们大多数人都认为小偷应该受到惩罚。由于我们经历了因为他人而遭受的痛苦，我们感觉到罪犯应该面对现实。另一方面，也有一些人专注于了解罪犯的心态，而不是惩罚他们，他们的更大目标是改善制度和人类。

尽管我们都有哲学倾向；我们的哲学因经验而异。

从我们的生活方式到世界经济体系的治理方式，一切都受到我们发展、采用或继承的哲学的影响，这些哲学在我们的信仰体系中发挥着至关重要的作用。我们的信念最终引导我们在决策过程中，编织关系，培养幸福感，探索自我。这些信念决定了我们对世界的广泛看法，并使我们走上了辨别智慧的道路。

尽管哲学是智慧的朋友，甚至是智慧的同义词，但两者是有着深刻关系的不同概念。智慧是在情感上、事实上和社会上处理信息的能力，而另一方面，建立对复杂概念和现实的理解，并用可理解的语言将其编码，这就是哲学。当一个人能够在理解沟通者试图说什么的同时，探索对话的深度时，他们就能理解更复杂的现实。他们有能力和愿望理解，有时大多数事情的意义都有关联，这使他们能够更好地理解世界的核心现实。当一个人有勇气投入分析工作时，智慧就可以获得，而哲学则是利用好奇心和追求智慧的能力来补充他们对现实的理解。智慧是通过体验不同的事物来培养的，并用最真实的知识来源喂养你的大脑，这些知识来源不仅仅局限于书籍和讲座。人们同样可以从生活经历中获得智慧，特别是通过培养和培养关系，无论关系是持续一个季节还是一辈子。因此，当人们欣赏好奇心，探索周围环境，重视经验，同时不断寻求洞察力，做出更好的选择，并为生活中所有利益相关者的福祉贡献平衡时，智慧就会获得。

智慧也有助于发展一个人的感知，以及我们与人、现实和环境的关系。了解你的感知可以为你的沟通方式增加价值，帮助你更有效，并避免你受到其他影响的情况。在某些方面，哲学思维依靠好奇心来探索周围环境并寻求真理。如果有限的观察导致混乱，这可能会引发寻找真相和寻求答案的冲动。

因此，在某个时刻，我们都有哲学头脑，因为我们都有探索我们存在本质的冲动。然而，这种冲动最初可能会限制我们从自己的角度来理解世界，而智慧和哲学则要求我们从他人的角度来寻求理解，以便得出一个普遍的结论。对我们存在的探索可能会产生信仰，而信仰有时也与信仰有关。信仰和信仰是相互关联的，但必须理解这两个概念之间的差异，才能确定它们之间的联系。信仰可以被定义为人类基于事实、信息和经验认为任何事情都是正确的习惯或心态。同时，信仰就是在不怀疑的情况下，风雨同舟地追随这种信仰。

换言之，从信仰到信仰的旅程是对你从世界和经验中获得的知识和对自己的信任的发展过程。

宗教与哲学

建立哲学思维的目的是理解现实；了解现实的努力催生了宗教的概念。拥有哲学头脑也补充了人类理解现实结构和本能地寻找创造者的努力。真主的智慧和远见是无限的，通过寻找他和我们的救世主耶稣基督，我们更倾向于理解我们在宇宙中的使命和地位。

换言之，可以说宗教和哲学交织在一条美丽的链条上。宗教被描述为对真主有信仰。它可以被解释为一种行为准则，在完成赋予你的责任的同时，在道德的基础上生活。另一方面，哲学构成了对世界进行探索的支柱，以乐观的态度生活，并以意识和自我管理的方式经历痛苦的感受。哲学思维可以用来获得对宗教存在的更大的欣赏；它补充了对宗教和真主的原则和概念的发展和理解。因此，它以每个人都能理解的方式解释了不可理解的概念。它加强了对创造者的信仰，帮助他们寻求肉眼看不到的真相。哲学概念补充了宗教的基础，帮助人们探索周围的环境，并对人和世界保持希望。

宗教和哲学是理论框架和实践的同化，目的是给人们的生活带来希望。这两个广阔的领域专注于通过灌输道德原则和重视他人情感的必要性，在社会基础上改善世界和个人。此外，宗教和哲学对确定生命的目的给予了极大的重视。

然而，哲学不同于宗教，因为宗教的任务是理解真主的意志、人民和道德。相比之下，哲学是在信仰的力量的帮助下理解世界、宗教和形成整个概念的人类思想的本质。不同背景下的哲学可以有助于一个人的信仰体系及其与推理框架和寻找答案的联系。分析和寻找答案的能力，满足好奇心和补充对世界如何运作的理解的需要；这种理解使逻辑信念的形成更加清晰。这些合乎逻辑的信仰有着牢固的根基，并有能力转化为信仰。

因此，可以通过以下事实来理解真相：古代文明中的人们所建立的信仰有助于他们在生活中获得更高水平的满足感和目标。这种信仰产生了信仰的概念——信仰是每一种宗教的第一支柱。信仰可以帮助播下成功的种子，因为它与希望和一致性有关。因此，建议每个人都要坚定地相信自己，从而忠实于自己的品质。

即使有爱因斯坦那样的头脑也不能保证成功，但自信可以缓冲一个人工作更长时间、更努力，即使事情不顺。自信鼓励一个人保持一致，希望很快取得成果，这就是为什么它会把成功抛在身后。它让一个人寻找解决方案，并尽最大努力将他心目中的形象变成现实。

在成就的史册上，一些杰出的人打破了传统的期望，在世界上留下了不可磨灭的印记。我的朋友就是这样一个人，他的旅程体现了植根于深厚个人信仰的信心的影响。

与那些拥有令人印象深刻的学位或特权背景的人不同，我朋友的成功并不是盲目自信的产物。相反，它们来自一个无限的非凡信心库。这种对自己能力的信念推动他前进，尽管他在前进的道路上遇到了挑战。在某些时候和情况下，怀疑和逆境可能在他周围飞舞，但他坚定的信念使他免受它们的影响。他对自己充满信心，无所畏惧地追求自己的目标，拒绝被愤世嫉俗者、悲观主义者或挫折所左右。他自信的深度是无限的，使他能够实现别人认为不可能实现的事情。

他的故事证明了信仰和信心之间的关系；他的信心通过信仰的棱镜蓬勃发展，他最终能够专注于信仰并利用信仰为自己谋利。这种罕见的积极自信与信念驱动力的融合，使他离梦想越来越近。

在历史的编年史上，我们经常发现信仰和信心之间的强大协同作用。这两种特殊力量的融合使个人能够克服逆境，规划自己的命运，并留下持久的遗产。

哲学与必要性

在寻求一个坚实的自我定义的过程中，评估你想要的东西与你实际需要的东西相比可能很重要。评估你目前满足这些需求的能力是很重要的。

了解信仰和宗教可以帮助你站稳脚跟，而哲学可以帮助你超越局限，再加上知识可以补充你实现人生目标并通过它找到经济保障的能力。

赚钱是生活的重要组成部分，因为它会影响我们生活方式和生活质量的许多其他方面。无法理解自己有时会使我们失去真正的才能。这可能会导致一个漂移到我们不感兴趣的其他领域；因此，我们无法赚钱，也无法发挥我们的潜力。对我们选择的职业或职业只感兴趣有限的危险在于，这可能会导致我们的最大努力减少，并最终影响我们的收入。除了错过了了解自己的机会外，这也会限制我们的能力、机会范围和洞察力，从而最大限度地提高我们繁荣和供养家庭的能力。

随着年龄的增长，投资以最大限度地提高现金和储蓄变得更加重要，尤其是当我们有责任照顾孩子和房子的时候。然而，理解和寻找答案以了解我们自己、我们的家庭和世界的能力有助于我们掌握货币科学的基础和复杂性，为您提供必要的货币知识。它补充了你明智地赚钱和投资的能力，从而在不影响你在这一生中建立的关系的情况下，计划退休后过上更好的生活。

哲学涵盖了对周围环境的知识和智慧的探索，使我们能够理解我们与他人和周围环境互动的复杂动态。令人遗憾的是，许多人与金钱的不健康关系作斗争，这往往是因为他们的需求和欲望之间缺乏区别。

这种对幸福真正含义的困惑导致了不安全感，导致一些人将金钱视为快乐的来源。因此，公司利用这种缺乏了解的情况，获得了巨大的财务收益。要培养与金钱的健康关系，就必须反省并明确财富对我们个人意味着什么，我们生活中真正幸福的来源，以及最准确的实现方式。与金钱建立健康的关系使我们能够管理自己的财务，同时确保我们的需求得到满足，并理解欲望和需求之间的区别。它鼓励节省资金，探索潜在的投资机会，并利用我们独特的人才和职位来最大限度地提高我们的收益。

承认金钱可以在一定程度上影响情感满足是至关重要的。它使我们能够获得给我们带来快乐的商品和服务，并使我们能够通过慷慨的姿态表达我们对他人的爱。从这个意义上说，金钱可以帮助补充情感上的满足感。

通过采用哲学思维，我们可以努力对金钱采取平衡的态度，承认它在我们生活中的作用，同时认识到它超越物质财富的价值。这种方法使我们能够更深入地了解我们财务旅程的复杂性，确保我们的情感需求得到满足，并与我们的财务资源建立更有意义的联系。

尽管金钱是至关重要的，但同样的音符也有意义，因为我们想通过为我们所爱的人提供奢华的生活来宠爱他们。因此，我们的生活围绕着我们的家庭。从他们身上，我们学会了培养人际关系—这是我们生活中最重要的任务。

每隔一天，我们都会根据哲学概念和我们身上的智慧，在生活中建立新的关系，改善旧的关系。在某些时候，我们喜欢我们的关系，但在某些时刻，我们有处理不当关系的倾向，有时，我们会对可能最符合我们利益的关系执行退出策略。作为人类，我们通常不知道如何留在当下，享受我们所拥有的。学会与我们所有的关系一起生活在当下是很重要的，因为时间很重要。我们必须学会珍惜所花的时间，珍惜人际关系给我们的生活带来的温暖。它将帮助我们更好地理解使我们的处境特殊的独特性。许多人渴望得到爱和关注，却得不到；有时甚至连那些与他们相处时间最长的人都没有注意到。

在某些情况下，注意力和爱可以通过金钱来表达，但你的心和意图必须放在正确的位置，才能使这种情况持续下去。这本书将引导你树立哲学思想，过上经济安全的生活，在那里你可以培养人际关系，努力促进个人成长，同时探索如何优先考虑经济安全需求，并制定行动计划。

哲学与金融

乍一看，哲学和金融似乎存在于人类思想的不同领域。哲学深入探讨存在主义的深层问题，而金融学则研究货币管理和经济系统的实用性。然而，经过更仔细的研究，我们发现了这两个学科的交汇点，揭示了哲学原理对财务决策的影响以及经济系统的潜在哲学基础。哲学强调批判性思维和智力探究，为我们分析金融的伦理和道德维度提供了一个哲学视角。它促使我们深入了解货币、财富及其社会分配的基本性质。功利主义、义务论和美德伦理学等伦理理论塑造了我们对负责任的财务决策的理解，指导我们在追求经济繁荣的同时考虑个人和社会的更大福利。

此外，哲学邀请我们思考价值的本质以及人类欲望和需求的复杂性。它挑战我们审视我们对财富、消费主义和物质主义的态度，质疑幸福和满足的真正来源。通过哲学探究，我们探索充足性、管理和可持续金融等概念，寻求一种平衡的方法，使我们的金融选择与我们的个人价值观和社会福祉相一致。

相反，金融作为一个实践领域，提供了自己的哲学维度。经济理论、投资策略和风险管理框架建立在对人类行为、理性和市场性质的哲学假设之上。例如，有效市场假说建立在对市场参与者理性的哲学信念之上。

同时，行为金融学通过考虑心理偏见和非理性决策来挑战这一假设。此外，金融为在现实世界中实施哲学原则提供了一个平台。例如，影响力投资通过将资本引导到产生积极社会和环境成果的企业，纳入了道德考虑。同样，对社会负责的投资将哲学价值观融入投资决策，反映环境可持续性、人权和公司治理问题。哲学和金融的交叉也延伸到个人金融。对财富本质、财务独立性和追求有意义的生活的哲学思考为我们的财务目标和优先事项提供了信息。它鼓励我们将金钱视为个人成长、自我实现和追求人生更大目标的工具。通过接受哲学原则，我们可以有目的地进行财务决策，平衡我们的物质需求与更深层次的愿望和价值观。

这本书的目标是就生命的本质以及哲学如何帮助我们塑造成完整的生命展开对话。在这个过程中，我们探讨了信仰、家庭、人际关系等主题，以及让自己走上经济安全的道路意味着什么。通过你的哲学和智慧来理解生活和你自己，将补充你规划未来的能力。作为一名有趣地沉浸在探索人生旅程中的作者，我在某种程度上受到了启发，能够参与到这场生动的对话中，为读者提供一次对信仰、哲学和生命复杂相互关系的变革性探索。

在这几页中，我邀请你在学术见解和个人轶事的指导下开始一段自我发现之旅，因为我们解开了相互关联的主题，这些主题构成了一个有意义和充实的存在的基础。几个世纪以来，哲学一直吸引着学者的注意力，当我们深入研究知识和现实的实质时，哲学成为了主要的重点。我们将进行一次冥想和思考的旅程，穿越哲学景观，揭开存在的秘密，照亮通往自信和信念的道路。我们通过将伦理原则、逻辑和思想相结合来创造一种哲学心态——这是决定我们如何看待内部世界和外部世界的强大工具。

沉浸在这种理解中，我们探索智慧的非凡力量。从古代和现代思想家的经验和智慧中，我们将驾驭智慧的复杂地形，辨别其细微之处，解开其奥秘。与此同时，我们将揭示智慧在培养更多的意识和责任感、将我们的情绪与理性思维协调起来以及培养与他人有意义的联系方面的变革潜力。这一探索将揭示有尊严地对待他人的意义，从而建立可持续的关系，丰富我们的生活。

在信仰的世界里，我们遇到了一种推动我们前进的力量，使我们能够克服挑战，充分享受生活。通过对那些生活受到宗教重大影响的人的令人信服的描述，我们看到了宗教带来改变、提供指导、给我们的生活带来意义和满足的不可思议的能力。我们努力使我们的信仰与知识保持一致，在这样做的同时，将信仰作为我们的指南针。这建立了一种牢固的纽带，提高了我们对世界及其角色的理解。随着旅程的展开，我们遇到了金融和智慧的交叉点。在这里，我们探讨了在人生早期做出明智的财务决策的重要性，以及将这些决策推迟到为时已晚的危险。我们共同应对偿付能力和资产积累的复杂局面，权衡储蓄和投资的优点，并发现建立应急基金背后的智慧。在行之有效的投资策略指导下，我们揭开财务成功的秘密，同时确保未来安全繁荣。

然而，生活并不仅仅是由金融繁荣来定义的。真正丰富我们生活的是我们关系的质量和我们建立的纽带。因此，我们深入研究培养终身关系，认识到人际关系和社会化的重要性。我们探索对他人好的影响，珍惜我们留下的记忆和影响。通过培养这些关系，我们打开了通往幸福、满足和美好生活的大门。

我们探索的高潮使我们进入了遗产的领域，在那里我们思考将我们的价值观代代相传的意义。我们一起深入探讨创造强大的家庭价值观及其变革力量的复杂性。通过个人轶事和发人深省的见解，我们揭示了培养这些价值观的巨大好处，培养超越时间的持久联系。

我希望我们能够制定一个路线图来驾驭生活的复杂性，释放信仰、智慧、财务、关系和遗产的力量。

通过拥抱这些主题的相互联系，你将开始一种充满满足、繁荣和富足的生活。在这一生中，信仰、智慧和根深蒂固的价值观和谐地交织在一起，创造了一首目标与实现的交响乐。在整个反思之旅中，重要的是要考虑到，真正的转变和培养信仰与智慧不可能一蹴而就。他们需要毅力、责任感和对世界复杂性的全面理解。当我们在寻求真理和意识的同时面对生活的现实时，我们会更容易获得作为我们信仰和真实因素基础的基本知识。因为这种理解，我们的信心和知识变得坚定不移，我们对自己优势的感激之情与日俱增。

虽然追求幸福和成功有时会让人不知所措，但重要的是要在追求完美和善待自己之间取得平衡。

当我们追求目标时，我们必须记住韧性、自信和亲人支持的价值。当我们开始这场冒险时，我们明白信仰是打开成功之门的钥匙。我们通过与逻辑、伦理和推理交织在一起的哲学线索，学会理解生活的复杂旋律和我们在其中的角色。

在我们探索经验和见解的同时，我们将探索有价值的工具和技巧，以培养哲学思维，确定驱动你生存的目的，并为实现财务和情感目标铺平一条明智的道路。与此同时，我们将揭示承认我们的需求、理解财富的真正含义以及做出符合我们愿望的明智决定的巨大价值。我们的目标应该是沿着一条明确的道路走下去，这条道路可能会引导你走向充满幸福、成功和深厚联系的生活。愿你在谈判宗教、智慧、金钱、关系和遗产的复杂相互作用时，接受几个世纪的知识、现在的教训和未来的承诺。想象一下，通过坚定不移的信念、渊博的知识和充满感激的心，进行一次超越平凡的伟大冒险，带你进入一个丰富多彩的生活。

第二章: 哲学

让我们探索奇妙的哲学世界。这段旅程的第一步是拓展哲学的形式意义。它遵循以下原则：哲学是一门鼓励批判性思维和理性探究的研究。它教会我们质疑假设、分析论点和评估证据。参与哲学讨论使我们能够深入而批判性地思考复杂的问题，这对于做出明智的决定和有效解决问题至关重要。它有助于我们形成一种连贯的世界观，以及人生的意义和目标感。

我们通过哲学探究来探讨关于现实的本质、知识、伦理和人类状况的基本问题。它鼓励我们探索各种学科，并从不同的角度参与进来。它是我们在穿越生命问题这座致命的大山时使用的锚。

哲学促进跨学科思维，使我们能够将不同领域的思想联系起来，寻求整体理解。但在所有这些声明中，有一个问题非常突出。在哲学领域，"自由意志的本质是什么？"这个问题至今仍值得解释。哲学是一个有趣而广阔的研究领域，它召唤我们踏上一段充满问题和深刻见解的知识之旅。当我们在哲学探究中漫步时，让我们进行一场充满活力的对话，以揭示哲学的本质，探索其多面性。

现在，在深入研究之前，我们首先要形成一个哲学的普遍观点。哲学是对智慧的研究，它涉及到利用你周围的知识和通过你周围的人来观察问题。这是对知识、真理、宗教、政治、人性、生命意义以及介于两者之间的一切的研究。它深入研究了这个问题，以找出其原因。一旦问题变得可以解释，制定解决方案就变得更容易了。由于哲学与建立对内部和外部世界的理解有关，它要求学术界具备一些社会和硬技能，以看到一切背后的意义，从而理解其实际本质。我们现在将深入探讨哲学的一些核心原则。

哲学的应用

哲学通常与学术界联系在一起，在我们生活的许多领域都有相关性和应用。它的影响超出了教室和演讲厅，渗透到各个领域和学科。通过探索这些不同的应用，我们揭示了哲学思维的变革力量。哲学的实践意义在医学、技术、商业和人际关系等领域都很明显。在医学领域，生物伦理学的分支在很大程度上借鉴了哲学基础来指导伦理决策。它解决了复杂的道德困境，从临终关怀到患者自主，确保医疗实践与同情、尊重和正义相一致。技术作为一个快速发展的领域，也面临着自身的伦理挑战。哲学考虑对于解决与人工智能、隐私和人类能动性相关的问题至关重要。通过批判性地分析技术进步的伦理含义，哲学使我们能够制定与我们的道德指南针相一致的政策和法规。

此外，哲学见解在商业世界中很有价值，在商业世界里，道德决策和企业社会责任至关重要。通过借鉴哲学原则，组织可以创建道德文化，并营造优先考虑诚信、公平和可持续性的环境。哲学帮助领导者驾驭复杂的道德环境，做出符合其价值观的明智选择。

在专业领域之外，哲学丰富了个人关系，并为理解人类经验提供了一个框架。深入研究爱、幸福和意义等哲学概念，可以让个人更深入地了解自己的生活以及与他人的联系。哲学促使我们反思生存问题、价值观和对充实生活的追求。哲学起着催化剂的作用，为各种学科提供信息和塑造信息，并促进思想的动态交流。它是连接看似不同领域的桥梁，为古老的问题提供了创新的方法。哲学影响并指导着从科学到伦理学、政治到美学的多学科探索。

科学探究得益于哲学在智力上的相似之处。哲学原理促使科学家批判性地审视知识的本质、经验证据的边界以及他们的发现的伦理含义。参与哲学为科学家提供了更广阔的视角，使他们能够更全面地理解世界。

哲学和科学之间的关系是相互的。哲学探究往往为科学探索奠定基础，考察科学理论的性质、解释的标准和知识的边界。通过分析这些哲学基础，科学家们可以深入了解指导他们研究的假设和方法，从而做出更有力的科学努力。

伦理学作为人类行为的道德指南针，在很大程度上要归功于哲学话语。通过严格的哲学探究，伦理理论得以发展，为驾驭复杂的道德困境提供了框架。哲学为我们提供了深思熟虑的工具，使我们能够在不同的背景下审视价值观和道德决策。

伦理考虑超越了学科界限，影响了政策决策、职业行为准则和社会规范。例如，环境科学包含了关于可持续性、代际正义和自然内在价值的哲学讨论。这些哲学见解塑造了环境政策和实践，引导人类走向更可持续的未来。

政治也属于哲学的影响范围。历史上的政治哲学家一直在努力解决正义、权力和治理的问题。哲学加深了我们对政治制度及其优势和缺陷的理解，从而塑造了政治话语，并努力建立一个更加公正和公平的社会。

哲学为各个学科提供信息，提高认知能力，培养批判性和分析能力。哲学思维的实践培养了逻辑推理、严谨的论证和清晰的知识。参与哲学思想使个人能够处理复杂的概念，分析不同的观点，并解决复杂的问题。

哲学挑战我们质疑假设，寻求证据，并评估论点的合理性。它培养了知识分子的谦逊，认识到我们知识的局限性，鼓励开明的探究。通过培养批判性和分析能力，哲学使我们能够面对不断发展的世界的智力挑战，培养对知识和理解的细致入微和敏锐的方法。

哲学的学习需要精确的思维、细致的论证和清晰的表达复杂的思想。通过哲学分析磨练出的分析敏锐性超越了哲学本身，使个人在学术追求、职业生涯和个人生活中受益。哲学思维也培养了求知欲，推动了对知识和理解的终身追求。它教会我们以开放的心态处理复杂的问题，接受不同的观点和想法，有助于加深对世界的理解。

哲学在政治中的综合

哲学在政治思想改革中发挥着巨大作用；理解现实和世界是如何运作的，使哲学家能够理解权力、正义和权威的本质。亚里士多德和柏拉图的理论确立了旧文明时期重塑世界的政府机构的理念。托马斯·霍布斯（Thomas Hobbes）和约翰·洛克（John Locke）对这些原则的采纳及其在世界上的深入研究结果集中于赋予生活在这个世界上的每个公民和个人首要权利，以及建立一个强大的中央政府的必要性。

对政治有如此强大的影响——可以肯定地说，哲学在现代世界已经被用来形成法律。Cicero和Ulpian关于形成法律理论的工作赋予了自然法作为下达公正命令的艺术的价值。它导致了整个法律领域的形成。他们的作品让普通人了解法律的本质，建立公正的法律体系。他们的贡献改善了不同国家的法律体系。它甚至鼓励现代哲学家，如哈特和约翰·奥斯汀，根据不断变化的世界重新定义法律，使地球变得公正。

最后我想阐述的哲学的观点和应用是信仰与哲学的相互联系。鉴于不同信仰体系的数量不断增加，亚里士多德和柏拉图的论点为平民寻找与世界上至高无上的存在相关的问题的答案提供了空间。他们的世界引导现代哲学家为宗教的发展做出了贡献，如约翰·杜威和威廉·詹姆斯。

哲学在普通人的日常生活中发挥着重要作用，让他们思考答案，打消好奇心，找到解决问题的最佳方法。它使他们具备通过彻底研究可用的解决方案和选项来做出决策的技能，从而得出正确的答案。此外，哲学让他们对自然和周围环境有一种理解感，这有助于人们应对挑战。毕竟，受试者帮助他们理解这样一个事实：一切都是暂时的。哲学帮助他们理解相互联系的概念，这最终补充了他们与自己和周围环境中的人的关系，使他们过上幸福的生活。

不同文化中的哲学

在一个被世俗追求和基本需求优先化所消耗的世界里，哲学仍然与塑造我们的生活息息相关。它为我们提供了正义、正义和道德的指南针，影响着普通人的生活和努力维护法律和秩序的政府机构的运作。在不同的文化中，哲学留下了不可磨灭的印记，为生活提供了独特的视角和指导原则。哲学是西方文明中灵魂的寄托之源。

它通过借鉴丰富的希腊思想来解决生存问题，帮助人们在生活中找到目标和意义。它使个人能够体验到我们的创造者在他们周围的存在，培养与比自己更高的东西的联系感。此外，哲学赋予西方人更好地把握现实，以及面对和克服生活问题的智力和情感上的坚韧。相比之下，亚洲文化表现出哲学和宗教之间更紧密的关系。在哲学思想的指引下，这些文化中的个人在伦理和道德困境中游刃有余，优先考虑和谐的人际关系和个人内部关系。哲学家的教导成为行为的指导原则，强调团结和相互理解的重要性。通过哲学探索，一些亚洲文化寻求将自己的行为与更高的道德目标相一致，拥抱所有人与自然世界的相互联系。

土著文化与土地和自然有着深厚的联系，在哲学原则中找到了慰藉和指导。哲学是一座桥梁，帮助土著人民在人类与环境之间建立联系。它教会他们尊重和欣赏自然所有元素之间错综复杂的相互作用，培养管理意识和共同责任感。利用哲学智慧，土著社区与周围环境和谐共处，并与周围人建立健康的关系。在西方文明中，人类通过将哲学作为灵魂的寄托之源，获得了更丰富的理解。它通过借鉴丰富的希腊思想来解决生存问题，帮助人们在生活中找到目标和意义。它使个人能够体验到我们的创造者在他们周围的存在，培养与比自己更高的东西的联系感。此外，哲学赋予西方人对现实的卓越把握，以及面对和克服生活问题的智慧和情感上的坚韧。

人类通过在各种文化背景下接受哲学，获得了更丰富的思想和理解。我们可以通过这些不同的哲学视角来欣赏人类经验的深度和广度。无论是对生存意义的追求，还是对伦理行为的培养，抑或是对和谐关系的构建，哲学都提供了深刻的启示和实践指导。它仍然是一种宝贵的资源，使个人和社会能够应对生存的复杂性，并开辟一条通往更加开明和充实的未来的道路。

哲学的文化比较：

从最受欢迎的哲学开始，罗马和希腊的文明在整个历史上都是知识和哲学进步的典范。这些古老的地中海超级大国通过其非凡的政治和文化成就影响了全球，并对哲学产生了重大影响。在罗马境内，伊壁鸠鲁主义和斯多葛主义的知识运动获得了突出地位。

另一方面，苏格拉底哲学和柏拉图哲学的强大传统在希腊站稳脚跟并蓬勃发展。伊壁鸠鲁主义由希腊哲学家伊壁鸠鲁斯创立，并受到罗马许多人的欢迎，它采取了一种不同的方法来实现满足的生活。

伊壁鸠鲁主义者追求快乐作为终极善，尽管不是今天这个术语通常所指的享乐主义意义上的快乐。对他们来说，快乐来自于没有身体和精神上的痛苦。他们相信，通过尽量减少欲望，过一种适度快乐的简单生活，个人可以获得平静和摆脱焦虑的状态。伊壁鸠鲁派也强调友谊和追求知识的重要性，认为这些有助于有意义和愉快的生活。在希腊，苏格拉底和柏拉图的哲学传统占据了主导地位，影响了后世。苏格拉底是一位有影响力的哲学家，以其苏格拉底式的方法而闻名，他专注于追求真理和自知之明。他要求个人审视自己的信仰，并进行严格的提问和批判性思维。苏格拉底认为，人们可以通过辩论和探究来了解真相，更好地了解自己和周围的世界。他的教导旨在帮助人们接受善良的美德和品格。

柏拉图以苏格拉底的传统为基础，以形而上学和伦理学理论拓展了哲学话语。柏拉图的哲学深入探讨了理想形态的境界和灵魂的概念。他认为，物质世界只是更高真理的反映，只有通过理性和沉思才能获得正确的知识。柏拉图著名的《洞穴寓言》说明了他对超越我们所感知的阴影的更高现实的信念。

通过他的对话《理想国》，柏拉图探讨了正义的本质、理想社会以及哲学家作为智慧和真理守护者的作用。他的学院成为一个著名的学习中心，培养了伟大的人才，留下了不朽的思想遗产。我们对古罗马和希腊出现的哲学的探索，使我们在理解的同时，也踏上了一段深入探究的旅程。我们解开了罗马伊壁鸠鲁主义的复杂性，发现了这些截然不同的哲学是如何塑造道德观、目标追求和人性本质的。与此同时，我们沉浸在希腊的苏格拉底和柏拉图传统中，开启了他们对人类思想多样性和对知识永恒追求的见解。

来自非洲和亚洲的哲学概念

我们的旅程超越了地理界限，涵盖了世界各地不同的哲学传统。我们更进一步，开始了一次迷人的探险，以揭开亚洲和非洲的哲学宝藏。亚洲幅员辽阔，文化多样，展现了一幅智慧的马赛克，感动了无数人的生活。从儒家倡导伦理道德和社会和谐的古老教义，到道教的神秘之路，引导寻求与自然世界统一的人，再到佛教的真知灼见，在不断变化的生活潮流中提供慰藉，亚洲为我们呈现了一幅充满活力的哲学传统织锦。我们对知识的渴望将我们带到了非洲的内心深处，那里的生活节奏随着被遗忘的低语而脉动。

在南部非洲未经探索的角落，我们发现了许多传统历史叙事经常忽视的哲学见解。Ubuntu，指的是包含人性和同情心等特质的古老品质和美德，提醒我们将文明作为一个全球大家庭，超越国界，拥抱共同价值观，紧密相连。Ubuntu邀请我们拥抱社区和谐、同理心和共同责任，提醒我们每个人固有的尊严和价值。

玛亚特的流动

埃及这片古老的土地，有着雄伟的法老和沉思的哲学家，在我们探索人类历史和知识的过程中占有不可或缺的地位。在这个非同寻常的文明中，一股被称为"马"的哲学潮流流过人们的集体意识。玛亚特专注于秩序、真理和正义，指导埃及人不仅在地球上，甚至在更远的地方寻求平衡与和谐。它强调了宇宙固有的相互联系，展示了众神创造的宇宙之网。

玛亚特的核心是秩序原则，包括宇宙中所有元素的和谐排列。它标志着埃及人认识到在生活的各个方面保持平衡和平衡，从社会关系到统治世界的宇宙力量。这种对秩序的敏锐理解超越了人类的领域，反映了他们对万物互联的信念。

真理是玛亚特的另一个重要支柱，在埃及哲学中具有重要意义。它象征着事实的准确性，并将思想、言语和行动与潜在的宇宙原则相一致。生活在真理中是埃及人的道德义务，因为它有助于维护社会和更大的宇宙框架的和谐与正义。正义是Ma'at的第三个关键组成部分，体现了埃及人对公平、公正和道德行为的承诺。人们认为，在人类事务中维护正义对于维护宇宙秩序至关重要。在追求正义的过程中，埃及人认识到遵守马亚特原则的重要性，确保整个社会的福祉和稳定。玛亚特的概念反映了埃及人对人类和神圣领域之间相互作用的认识。他们认为众神是玛亚特的守护者，负责维护宇宙平衡。通过他们的仪式、仪式和道德行为，埃及人寻求与神圣秩序保持一致，为宇宙的整体和谐做出贡献。

埃及哲学，强调Ma'at，提供了一个迷人的一瞥，了解古代对宇宙和人类存在的理解。它提供了一个综合道德、社会和宇宙维度的整体视角，突出了埃及人对自然世界的敏锐观察，以及他们对治理自然世界的基本原则的见解。

斯多葛主义的真理

希腊哲学家Citium的泽诺首先推广了斯多葛学派，罗马人最终采用了斯多葛主义。耐心提供了一种在混乱的生活网络中寻找内心平静的方法。斯多葛主义的核心信息是，美德和理性应该支配人类行为，外部事件应该被接受并冷静处理。斯多葛学派认为，如果一个人的行为和思想与宇宙的自然秩序（有时被称为"理性"）和谐一致，人们可能会感到快乐和满足。他们坚信，培养知识、勇敢、正义和节制等品质是通往完整而有意义的生存之路，并高度重视管理食欲和情绪的重要性。通过模仿这些价值观，人们可能会努力实现幻化，这是一种真正繁荣和普遍幸福的条件。斯多葛主义不是压抑情绪或从世界中退缩；这是对内心宁静的充分拥抱。通过专注于我们可以控制的事情，采用斯多葛主义原则可以让我们培养韧性，应对逆境，并从风暴中变得更强大。这是一种哲学，它悄悄地说："你有超越自我的力量。"

佛的正念

现在，向东前往迷人的亚洲，在那里，东方哲学掌握着正念和内心平衡的关键。当你漫步在郁郁葱葱的风景中时，佛教和道教的教义像暮色中闪闪发光的灯笼一样向你招手，引导你走向与人类体验的联系。

在佛教正念的怀抱中，你被邀请充分地栖息在当下，珍惜每一次呼吸中编织的美丽和简单。通过这种练习，你会觉醒到感觉、思想和情感之间充满活力的联系，这些联系描绘了你存在的画布。有了一个温和的意识，你会培养对自己更深的理解，在内心的宁静中找到平静和安宁。

在正念中，佛教提供了一个避难所，提供了探索你存在深处的天堂。在没有判断的情况下观察不断变化的思想和情绪的流动，打开了内心平静和同情的钥匙。正念成为个人转变的容器，照亮了通往自我接纳、同理心和韧性的道路。佛教的教义可以洞察你错综复杂的思想，揭示思维模式，揭示痛苦的本质和人类状况。在这场探索中，你改变了自己，并发展了对所有生命的相互联系和塑造我们共同存在的内在无常的理解。

在佛教正念的怀抱中，迷人的亚洲王国成为自我发现和成长的避难所。

佛教的灯笼照亮了道路，引导你走向身心和精神的和谐融合。在每一个当下的温柔宁静中，你会发现智慧的源泉，让你优雅而宁静地驾驭复杂的生活。

Ubuntu的和谐

在非洲广袤的大草原和古老的文明中，一种被称为Ubuntu的相互联系哲学揭示了社区和谐的非凡力量。Ubuntu在你耳边低语，敦促你认识到每个灵魂的内在价值和尊严。它教导我们，你的幸福与他人的幸福密不可分，通过拥抱这种相互联系，你可以释放人类的真正本质。在Ubuntu的温暖拥抱中，你会发现弥合分歧、培养同情心、建设一个我们共同崛起的世界的力量。

哲学、道德和身份

当我们回顾哲学视角的多样性时，我们会发现它在历史上对道德观和个人观的塑造产生了影响。古代哲学家理解哲学在引导个人走向美德和照亮通往有意义存在之路方面的变革力量。

纵观历史，不同文化和民族的贡献塑造了世界的发展，消除了进步只归因于一个种族的观念。

从古埃及的建筑奇迹到古印度的数学进步和伊斯兰黄金时代学者的智力成就，无数文明在人类知识上留下了不可磨灭的印记。

此外，世界各地的土著文化在伦理、智慧和相互联系方面提供了独特的视角。认识到贡献的多样性，使我们能够欣赏人类成就的丰富纽带，并促进对我们共同的全球遗产的更具包容性的理解。

例如，柏拉图的对话强调了追求智慧以实现道德卓越。

通过苏格拉底的方法，苏格拉底进行了严格的哲学探究，鼓励自我审视和道德美德的发展。这些古代哲学家认识到，真正的智慧不在于积累知识，而在于体现美德。

从这些古代思想家的智慧中获得的永恒见解继续塑造着当代伦理理论，为我们理解道德提供了信息。他们对人类状况的理解和内省的重要性是宝贵的教训，为塑造个人价值观和在我们自己的生活中做出道德决定提供了指导。

个人伦理及其与哲学的联系

想想错综复杂地塑造我们个人道德框架的哲学思想的马赛克。就像道德推理的大师一样，我们审视亚里士多德美德伦理学的笔触、康德义务论原则的大胆笔触、密尔功利主义微积分的计算模式，以及罗尔斯正义理论的复杂镶嵌。通过这个学术视角，我们了解了这些哲学基础是如何为我们自己的道德信仰注入深度和细微差别的。

为了说明哲学在个人伦理中的实际应用，让我们考虑一下"电车困境"这一有趣的案例研究。这个思想实验让我们面临一个场景，一辆失控的手推车冲向一个正在建设的十字路口，在那里几乎可以肯定的是，一次碰撞将造成至少五条生命的损失。列车长可以选择按下一个按钮来切换轨道和改变路线，但这样做会导致一连串的事件，导致一人丧生。根据后果主义的原则，我们努力解决在最大限度地减少涉及多个生命的总体伤害或承认一个生命的价值之间做出选择的伦理含义。通过进行严格的分析和反思涉及生死场景的复杂道德决策，我们对哲学如何告知和指导我们的道德选择有了更高的认识。

哲学价值观与伦理学

在当代，哲学在形成个人价值观和指导道德判断方面发挥着至关重要的作用。哲学思想为分析道德难题提供了框架，帮助人们实现美好而诚实的生活。

这些哲学框架使人们能够理性地评估复杂的道德困境，并做出道德上负责任的决定。哲学赋予人们所需的技能，让他们反思自己行为的影响，思考自己珍视的价值观，并以深思熟虑和道德正直的方式处理道德困境。正如哲学所鼓励的那样，通过挑战文化偏见和社会标准，可以形成一种更具包容性和同情心的世界观。它鼓励人们更好地理解许多观点，并通过挑战人们考虑他们的偏见、成见和假设来培养同理心。

将伦理理论视为不同的视角，我们可以通过这些视角来看待和处理道德决策。例如，义务论强调我们的道德义务和遵循伦理原则的重要性。另一方面，功利主义侧重于最大限度地提高整体幸福感或幸福感。而德性伦理则强调以道德品质的培养作为伦理行为的基础。参与这些哲学观点给了我们宝贵的见解，使我们能够评估道德困境，并深思熟虑地做出负责任的决定。哲学使我们有能力反思自己行为的后果，思考我们珍视的价值观，并以智慧和道德操守应对道德挑战。

此外，哲学鼓励我们挑战社会规范和偏见，培养更具包容性和同情心的世界观。探索不同的哲学思想使我们更容易接受不同的观点，并学会直面我们的偏见和假设。这一过程促进了同理心，加深了我们对道德决策复杂本质的理解。

运用哲学进行自我反思和成长

我们的大脑被哲学显著唤醒，哲学促进批判性思维、内省和智力发展。它鼓励我们去追问、反思和探究存在的巨大奥秘。它要求我们踏上一段智慧之旅。哲学是这一努力的指南针，使我们对自己和周围的世界有更丰富的理解。

批判性思维的实践是哲学的核心。它使我们能够独立思考，挑战假设，并以洞察力评估复杂的概念。我们通过与哲学思想和辩论的互动，发展评估证据、发现逻辑错误和建立有说服力的论点的能力。哲学使我们能够在浩瀚的信息海洋中跋涉，使我们能够区分事实和虚构，并以更具鉴别力和批判性的视角来对待知识。但哲学不仅仅是一种大脑活动；它邀请我们反思自己。它通过鼓励我们分析自己的假设、价值观和信仰，挑战我们深入探究并发展对道德指南针的理解。我们可以通过反省意识到自己的偏见、偏见和盲点，从而在道德上和个人上发展。哲学是一面镜子，反映了我们的核心信念，并迫使我们做出符合我们核心价值观的决定。它使我们能够过上更有思想的生活，做出深思熟虑的决定，并诚实正直地发展我们的性格。

哲学激发了我们的求知欲，影响了我们批判性思考和反思自己的能力。它鼓励我们研究跨越所有时代和文明的哲学传统。我们通过研究各种哲学观点来拓宽我们的视野，加深我们对人类状况的认识。哲学提出的深层存在问题促使我们思考现实的本质、知识的边界和我们存在的复杂性。我们的生活被丰富了，我们的大脑被这种智力探索所滋养，这使我们走上了一生智力发展的道路。

社会伦理与哲学

一些伦理理论提供了独特的视角，我们可以通过这些视角来审视和理解紧迫的社会问题。从后果主义对结果的关注到义务伦理学对道德义务和权利的重视，从美德伦理学对道德品质的培养到女权主义伦理学对性别平等的追求，每一种理论都阐明了我们在社会中面临的伦理挑战的不同维度。通过严格的分析，我们揭示了这些理论对社会话语和决策的影响。伦理理论提供了宝贵的框架，我们可以通过这些框架来审视和理解。

紧迫的社会问题。从后果主义对结果的关注到义务伦理学对道德义务和权利的重视，从美德伦理学对道德品质的培养到女权主义伦理学对性别平等的追求，每一种理论都阐明了我们在社会中面临的伦理挑战的不同维度。通过严格的分析，我们揭示了这些理论对社会话语和决策的影响，使我们能够更加清晰和深入地应对复杂的道德困境。在我们对社会伦理的探索中，我们通过考察关于正义的哲学观点来审视公正社会的基础。我们深入研究了约翰·罗尔斯的公平正义理论和玛莎·努斯鲍姆的能力方法等理论。这些观点阐明了我们如何解决系统性不平等问题，促进包容性，努力实现社会进步。通过运用这些哲学思想和批判性思维，我们获得了驾驭社会伦理复杂性的工具，并致力于创建一个更加公正和公平的社会。

哲学与世界观

本节通过考察哲学思想如何影响我们感知和解释周围环境的镜头，深入探讨人类体验。审视哲学棱镜，它回答了存在的价值和目的这一永恒的问题。我们从各种哲学角度来阐明我们的生存斗争，从存在主义对人类有效性和机会的探索，到在宇宙的意志和设计中寻求解释的目的论观点。看看这些推测，我们会考虑它们对我们的访客以及我们在日常生活中确定理性的结构的重大影响。

开始对哲学思想在个人和集体观点中的回响方式进行引人入胜的探索，影响我们如何理解世界、崇高和人性。基本分析揭示了哲学观点对形成我们的信仰、价值观和社会叙事的巨大影响。从柏拉图和亚里士多德的古老思想到笛卡尔和康德的尖端推理方式，我们深入研究了围绕我们观点的复杂的信仰织锦。

这幅插图是基于研究如何考察东西方哲学之间的联系，以及各种观点如何影响我们对世界和人类状况的看法。如果我们能够通过比较儒家、和谐佛教、无情感主义和存在主义等哲学传统，更好地理解创造构成宇宙的视角结构的各种观点，这将为我们的讨论增加价值。

第三章: 智慧

"了解自己是一切智慧的开始。"

—亚里士多德（Aristotle）

什么是智慧？

智慧一个既难以捉摸又令人敬畏的概念，唤起了一系列的解释和内涵。从本质上讲，智慧可以通过多个方面来把握：睿智、有目的地反思和行动的能力、利用所获得的知识库、从过去事件的织锦中获得的经验智慧、细致入微的理解、与洞察力交织的常识。

它的规模遍及每个领域，渗透到每个职业，并在社会互动的结构中产生共鸣。它有很多名字，伪装成哲学、谨慎、敏锐、精明或远见。智慧，人类渴望的顶峰，似乎经常在人生的后期显现出来，通过经验的考验精心打造。

虽然这种信念包含着真理的成分，但它是一种不完整的理解。经常被忽视的是智慧的基本原则，它在于永不满足的学习欲望——一种根深蒂固的准备，在自己选择的领域内获得大量知识，再加上坚决接受自己的不完美，包容每一个缺点和缺点，所有这些都是为了追求自我完善。熟悉这首歌是司空见惯的事，但它仍然提出了一个问题：什么是智慧？为了获得全面的理解，我们深入研究了关于智慧的历史和文化观点，揭示了不同时期的社会是如何尊重和寻求智慧作为指导原则的。在人类的所有经历中，精明一直被人们视为一种非凡的品质，被人们、网络和文明所追求。来自世界各地的古代文化高度重视智慧，认识到它的变革力量及其在驾驭存在的复杂性方面所提供的指导。从古代中国的智者到古希腊的哲学家，智慧一直被视为人类成就的顶峰，代表着知识、洞察力和实践理解的和谐融合。

审视历史语境可以让我们理解人类对智慧的普遍追求，超越文化界限和时间。通过深入研究古代智慧传统，如孔子的教导、古埃及的智慧文献或斯多葛学派的哲学著作，我们可以深入了解不同文明之间智慧的持久相关性。

此外，我们探讨了关于智慧的文化观点，认识到不同的社会对智慧有着独特的重视和概念化。例如，土著文化尊重长辈的智慧，承认通过生活经历和与自然世界的深刻联系所获得的智慧。相比之下，现代社会往往将学术知识和专业知识视为智慧的标志，强调智力追求和专业知识的重要性。了解关于智慧的历史和文化观点，使我们能够理解人类智慧传统的丰富相互关系，以及感知和寻求智慧的多种方式。它为讨论智慧的价值及其在个人和社会发展中的作用提供了更广泛的背景。

智慧具有多面性，它的影响延伸到人类生存的每一个领域。它渗透到职业、人际关系、决策过程和社会互动结构中。对智慧的追求包括睿智，即有目的地反思和行动的能力，利用后天知识和经验智慧的源泉。它涉及到细致入微的理解，将常识与从过去事件的经历中获得的富有洞察力的视角融合在一起。

关于智慧的哲学

正如苏格拉底的话所唤起的那样，这位被视为西方哲学鼻祖的德高望重的圣人宣称："唯一真正的智慧是知道你什么都不知道。"。

苏格拉底大胆地宣称"知道你什么都不知道"，到底是什么意思？从本质上讲，它意味着一种不屈不挠的学习意愿——以及对知识的无尽渴望。然而，经过更仔细的研究，这种二分法出现了，揭示了其深度。从本质上讲，苏格拉底认为，只有那些认识到自己智力局限性的人，那些谦逊地承认自己的巨大无知的人，才会开始不懈地追求知识，向在迷宫般的人生旅程中遇到的每一个人寻求智慧，无论他们是皇室成员还是乞丐。

相反，大多数人在某些事情上是明智的，因为他们非常善于分析或浏览生活的某些方面。智慧在不断发展，你可以将经验与个人成长结合起来，并将其与你的大脑微芯片目前的配置相结合，以获得更高效的处理能力，从而补充你大脑中RAM和硬盘空间的数量。

哲学与智慧的并置

哲学和智慧往往是相辅相成的。有人甚至可以说智慧是哲学的朋友，正如"哲学家"的粗略翻译为"智慧的朋友"所表明的那样。"哲学"一词意味着对智慧的热爱。从最广义上讲，哲学发现其最卑微的开端是对生命本身的直接回应。

当你把智慧和哲学放在一起时，它们是两个非常有趣的概念。在人类历史的整个织锦中，学者和思想家都对它们进行了思考和研究。智慧和哲学都涉及对知识和理解的追求，但它们的性质和方法不同。

智慧，通常被视为人类理解的绝对顶峰，包括通过经验、反思和对世界和个人周围环境的深刻理解而获得的知识、洞察力和判断的积累。它是终身学习、反省和自我完善过程的结果。

智慧并不局限于获取信息或事实；相反，它涉及到有效和合乎道德地应用这些知识的洞察力。

智慧来源于智力、情商、直觉和道德洞察力的结合，从而全面理解生活的复杂性和挑战。另一方面，哲学是对存在、知识、价值、理性和现实等基本问题的系统而理性的探究。这是一门通过逻辑分析、批判性思维以及对各种概念和理论的考察来揭示真相的学科。

哲学包含了广泛的分支，如形而上学、认识论、伦理学、美学和逻辑学，每一个都涉及人类存在的特定方面。与强调实践知识和个人成长的智慧不同，哲学往往侧重于理论框架和智力探索。与其说它是一门有形的学科，不如说它是智慧，尽管它是理想主义的。

我们开始了一次引人入胜的旅行，深入了解某些哲学传统的深处，以及历史上重要思想家的发现，以充分理解智慧与哲学之间的联系。通过沉浸在他们的思想和意识形态中，我们在无休止地寻找真理和知识的过程中，对哲学和智慧之间的微妙关系有了无价的见解。

当我们开始调查时，古希腊哲学家苏格拉底、柏拉图和亚里士多德以他们对智慧概念的重大贡献吸引着我们。苏格拉底有时被认为是西方哲学的创始人，他敦促人们采取一种谦虚的态度，不断学习和反省。他那句著名的话"唯一真正的智慧在于知道你什么都不知道"，让我们摆脱了自满情绪，进入了一个充满活力的探究和沉思过程。

柏拉图以苏格拉底的思想为基础，在他的哲学对话中带领我们进行了一次引人入胜的智慧之旅。柏拉图在他的洞穴寓言中阐述了这样一种观点，即真正的知识可以通过克服感官体验的限制，进入形式或思想的世界来获得。根据柏拉图的说法，智慧正在深入挖掘永恒而普遍的真理，这些真理隐藏在不断变化的外表之下。

亚里士多德是柏拉图的忠实学生，通过他颇具影响力的著作《尼哥马伦理学》，他对智慧有着独特的见解。亚里士多德认为，智慧是最高的智力美德，包括识别最终目标和实现目标的策略的能力。它包括理论知识和实践知识，前者意味着理解宇宙的规律，后者意味着利用这种智慧做出道德判断和行善。

我们的调查范围从古典希腊延伸到历史上争论智慧含义的各种哲学流派。儒家和佛教等东方哲学对智慧作为人类繁荣和道德行为的重要组成部分提出了不同的观点。

儒家思想植根于中国古代，非常重视发展知识，将其作为实现和平关系和社会秩序的手段。作为智慧的基本要素，孔子强调修身养性、立德求智的价值。儒家的君子理想，有时被翻译为"贵人"或"君子"，代表着道德光辉和洞察力的顶峰。

佛教起源于古印度，提供了一种独特的知识观。在佛教中，洞察和理解事物的终极本质与智慧密切相关。人们被敦促通过克服自我的妄想来培养智慧，并通过正念和冥想等技术直接意识到相互联系和无常。

通过研究这些哲学传统，我们开始发现哲学与智慧之间的联系。智慧和哲学的主要目标是知识、理解和真理。他们鼓励终身致力于研究和反省，同时承认人类理解的局限性。

哲学深入研究理论框架和智力调查，以找到关于存在、知识、价值观、理性和现实的基本问题的解决方案。智慧强调知识的实际应用和人类发展。总的来说，形而上学、认识论、伦理学、美学和逻辑学的哲学子领域考察了人类生活的许多方面。智慧和哲学和谐地相交于它们的共同目标，即拓宽人类知识，加强我们与世界的互动，尽管它们的方法不同。我们对现实本质、生命意义和宇宙基本规律的追求推动着智慧和哲学的发展。

通过对智慧和哲学的研究，我们发现对著名思想家的见解以及这些思想在我们生活中的持续适用性有了更多的了解。对哲学和过去智慧的探究为我们提供了以更清晰、知识和目标应对生活困难的技能。我们在离开这场调查时感到开明，准备踏上自己的旅程，寻找知识和意义，并准备为我们自己的生活和我们生活的世界做出重大贡献。

智慧与哲学的区别

智慧和哲学，尽管共同追求知识和理解，但在范围和方法上存在显著差异。虽然这两个学科都有助于探索概念，但它们从不同的角度进行研究。从本质上讲，智慧是通过个人经验、内省和对世界的观察来培养的，使其成为个人和个人主义的知识形式。它与一个人独特的视角、文化背景和一生中积累的实践经验交织在一起。

因此，智慧包含了与个人成长和自我反思密切相关的广泛的实践见解和明智的决策。相反，哲学包含一种系统的知识狄取和探究方法。哲学超越个体主体性的界限，探索抽象概念和普遍真理，因为它植根于严谨的推理、逻辑分析和批判性思维。它努力揭示基本原则，并审视存在、现实、道德和知识的本质。通过运用逻辑框架和思想严谨性，哲学试图超越个人偏见和文化影响，得出客观真理或哲学框架，对世界进行全面解释。

在探索智慧和哲学之间的区别时，我们可以推断，接受这些学科的人会欣赏它们对个人和职业生活产生的深刻和变革性影响。在任何专业或商业环境中，智慧都是一种稀缺且极其宝贵的特质。它具有提升个人意识的能力，使他们能够超越规则和标准化框架，有时还能推动社会进步。它的许多特点可以转化为各种要素，如有效的规划和评估、道德的整合以及培养舒适自信的决策过程。

智慧的属性是无限的，再加上预见并最终实现长期目标的能力。被视为智者的人也被认为是前瞻性思想家。这种前瞻性思维能力，即总是在寻找疾病或问题的解决方案的心态，为这些人提供了解决问题的直接途径，同时也在权衡他们的行为和选择的后果。他们可以评估不同路径的可行性和结果，从而提高他们的向上流动性。这一切都表明，明智的人有先见之明，能够预见挑战，并相应地调整他们的计划，而不会太在意任何恐慌或过度思考。

智慧的综合与培育

智慧不仅仅是对某一主题或专业的智力理解；这是一个至关重要的观点，因为智慧包含着强大的道德指南针。明智的人在处理一种情况时要务实，并认识到他们的决定和行动的道德层面。他们考虑对自己、他人和社会的影响。

道德是一个关键原则，确保他们的意识建立在公平、正直和同情的基础上。可以肯定地说，这些因素也确保了他们对自己的选择感到持续的舒适。正如我们已经确定的那样，智慧是通过大量的个人经验培养出来的，所以说聪明的人通过理解自己的价值观、优势和局限性，通常是强烈的自我意识的代名词并不为过。规划在提高智慧意识方面发挥着关键作用。明智的人认识到深思熟虑的准备在做出正确决策方面的价值。通过深思熟虑和积极主动的计划，个人可以预测潜在的挑战，考虑各种选择，并评估其选择的长期后果。规划允许对起作用的因素进行全面评估，促进决策的整体方法。

在探索与智慧相关的意识增强这一主题时，我们揭示了智慧在塑造个人生活轨迹方面的变革力量。通过研究现实生活中的例子和案例，我们可以见证智慧是如何推动个人在各个领域取得成功和个人成长的。同样，我们可以深入研究发展智慧的实用策略和技术，阐明其对长期目标和职业发展的影响。

纵观人类历史，睿智的领导者、精明的企业家和博学多才的专业人士在其非凡的成就和成就中毫不含糊地展示了智慧不可或缺的意义。如果你愿意的话，不妨想想围绕沃伦·巴菲特的故事，这位人物在投资领域获得了广泛赞誉，是无与伦比的卓越典范。巴菲特的投资决策是由他敏锐的洞察力、对市场的理解以及几十年来所获得的睿智所引导的。

他敏锐地辨别被低估的股票，表现出耐心，并执行明智的投资决策，这带来了非凡的财政胜利，将他推向了企业领域的顶峰。同样，精明的苹果公司联合创始人史蒂夫·乔布斯的杰出人物，也是精明在塑造企业实体过程中发挥影响力的一个典型例子。乔布斯的战略敏锐性、远见卓识和先见之明在苹果转变为全球技术领域的强大力量的过程中发挥了关键作用。乔布斯的睿智使他能够巧妙地操纵复杂的市场动态，在团队中注入灵感，并创造出开创性的产品，从而在众多行业中实现范式转变。在商业领域之外，智慧对意识的影响延伸到了各种职业。以医学领域为例，明智的医生可以驾驭患者护理的复杂性，利用他们广泛的知识和经验，做出明智的决定，挽救生命，改善健康状况。这些医疗保健专业人员在他们的实践中展示了智慧的影响，表明智慧不仅局限于商业领域，而且渗透到每个领域。

个人可以培养某些技能和素质来发展智慧，并利用其向上流动的潜力。首先，对终身学习和求知欲的承诺为智慧的成长奠定了基础。通过对新思想持开放态度，接受持续教育，并寻求各自领域的知识，个人可以扩大理解，获得明智决策所需的见解。

此外，自我反省和内省的培养对智慧的成熟起着关键作用。通过深思熟虑的反省过程，个人可以全面评估自己的个人价值观、内在能力和脆弱领域。这种内省的努力有助于理解一个人的本质，使个人能够做出与其真实身份一致的决定。自我意识使个人能够有效地利用自己的内在优势，积极寻求个人发展的途径，从而推动自己更接近于实现自己想要的目标。道德和伦理的融合对于提高与智慧相关的意识也至关重要。明智的人认识到，成功不应以牺牲道德原则和他人福祉为代价。他们优先考虑诚信、同理心和社会责任，明白可持续的成功建立在道德决策和积极影响的基础上。

此外，有效的规划和评估在通过智慧提高认识方面发挥着关键作用。明智的人认识到深思熟虑的准备在做出正确决策方面的价值。通过深思熟虑和积极主动的计划，个人可以预测潜在的挑战，考虑各种选择，并评估其选择的长期后果。规划允许对起作用的因素进行全面评估，促进决策的整体方法，最大限度地提高成功结果的可能性。

智慧还需要适应性和驾驭不确定性的能力。明智的人认识到变革是不可避免的，并以坚韧和灵活的态度对待变革。他们信奉成长心态，将挑战视为学习和个人发展的机会。这种适应性使他们能够抓住机会，克服障碍，确保在不断变化的环境中不断提高认识。

智慧的责任与道德

在智慧的领域中，存在着对责任的承认，与人类生存的道德结构交织在一起。当个人行使他们的自由意志时，他们被赋予了对自己的选择所产生的后果的重大责任。这一认识提出了一个当务之急，即优先做出符合道德原则的决定，促进个人成长，同时为改善自己、他人和更广阔的世界做出贡献。探索支撑道德决策的伦理理论和框架，揭示了对智慧道德维度的宝贵见解，为个人如何以睿智和正直的态度驾驭生活中错综复杂的选择网络提供了指导。

结果主义作为一种伦理框架，将行为的道德价值牢牢地置于其结果的范围内。从后果主义的角度来看，拥有智慧的个人会认真思考自己决策的潜在后果，努力优化集体福利，同时将任何负面后果降至最低。这种特殊的观点迫使个人仔细思考，评估他们努力的直接和持久后果。通过反思和思考对个人和社区的潜在影响，精明的个人有能力做出有眼光的选择，促进积极福利的发展。通过将他们的决定与追求建设性变革和社会改善相协调，这些人表现出对个人行为与更广泛环境之间相互联系的理解。

相反，义务论是另一个以道德义务和普遍伦理原则为中心的伦理框架。义务伦理学借鉴了伊曼纽尔·康德等哲学家的思想，认为个人拥有某些具有约束力的道德义务，无论其后果如何。对于以义务论原则为指导的聪明人来说，即使面临个人挑战或不确定的结果，也要优先按照道德义务和原则行事。他们的决定反映了对每个人内在价值和尊严的尊重，因为他们在应对道德困境的同时维护自己的道德操守。

美德伦理学作为另一种伦理框架，关注道德品质和道德品质的培养。信奉美德伦理的智者优先培养诚实、同情、谦逊等品质，尤其是智慧本身。他们认识到，智慧不仅来自知识，也来自塑造他们性格和指导他们行动的美德的培养。通过体现道德品质，明智的个人有助于建立和谐的关系、道德决策和公正的社会。重要的是要承认，道德框架并不总是能为道德问题提供明确的答案。伦理困境的复杂性往往需要细致入微的考虑。尽管如此，探索这些框架会邀请个人进行自我反思，辨别自己的道德价值观，并对智慧中固有的道德维度形成全面的理解。此外，智慧包括对行动的相互关联性及其深远后果的深刻认识。聪明的人认识到自己选择的连锁反应，明白自己的决定超越了眼前的环境，影响了更广泛的社区和子孙后代。这种提高的意识培养了一种道德责任感，敦促个人做出考虑长期影响的决定，并坚持道德原则。智慧的道德含义超越了个人行为，涵盖了社会和全球层面。明智的人，牢记自己在社会中的角色，努力为共同利益做出贡献，应对紧迫的社会和环境挑战。他们的智慧促使他们采取行动，鼓励他们倡导正义，倡导可持续做法。

决策中的情绪导航：

情感，以其复杂的激情和理性的相互作用，在决策领域发挥着重要的影响。当个人努力做出正确的选择时，用智慧和洞察力驾驭这些情绪的能力变得至关重要。为了应对情绪和理性带来的复杂挑战，可以采用实用的技术和策略来培养情商和自我调节能力。通过探索正念练习、情绪意识练习和认知重组技术的丰富领域，个人可以发展必要的技能，驾驭复杂的情绪舞蹈，并做出基于智慧的决定。

正念练习借鉴了古老的冥想传统，是培养情商和自我调节的有力工具。通过正念，个人培养了对当下经历的开放和非评判的意识。通过轻轻地将注意力转向他们内心产生的感觉、想法和情绪，他们培养了更大的能力来观察自己的情绪，而不会被自己的摇摆所困扰。这种提高的意识使他们能够更平静、更清晰地回应自己的情绪，从而促进更深思熟虑、更有洞察力的决策。

有趣的是，新兴的科学研究强调了正念对大脑的影响。使用神经成像技术的研究表明，有规律的正念练习可以导致与情绪调节和决策相关的大脑区域的结构和功能变化。这一证据强调了正念在培养情感平衡和智慧方面的变革潜力。正念与情感意识练习相结合，对复杂的情感景观进行了丰富而细致的探索。通过有意识地调整自己的情绪体验，个体可以更深入地理解其情绪反应的细微差别、微妙之处和模式。

通过日记、引导图像或表达艺术等反思性实践，个人可以深入了解影响其决策过程的触发因素、偏见和习惯性情绪模式。这种增强的情绪自我意识使他们能够后退一步，认识到自己情绪的影响，并在更具洞察力和清晰度的地方做出决定。认知重组技术为在决策中驾驭复杂的情绪提供了另一条有价值的途径。这些技巧包括挑战和重塑可能导致情绪偏见或模糊判断的无益想法和信念。

通过检查支持这些想法的证据并探索其他视角，个人可以消除认知扭曲，发展更平衡、更理性的思维。这一过程使他们能够更客观地驾驭情绪，确保他们的决策不仅仅由短暂的情绪状态驱动，而是由理性的分析和智慧决定。

现实生活中的例子和案例研究可以为探索决策中的情绪导航增加一个迷人的维度。通过说明个人如何在不同的环境中有效地运用情商和自我调节，这些故事突出了智慧的变革力量。从巧妙管理情绪以在高风险情况下做出果断选择的领导者，到优雅清晰地应对个人困境的个人，这些例子展示了情绪平衡对决策过程的影响。

情绪高涨

需要注意的是，这说起来容易做起来难；这已经被推断出来了。情绪总是存在于我们的大脑设计和心理中。有时候，让我们的情绪占据主导地位要比放慢速度呼吸容易得多。然后，让我们理性地将当前的场景划分为易于消化的、最有可能给我们带来最佳结果的场景。一个轻松的轶事是，"如果你把自己的情绪放在口袋里，你可以增加取得好结果的机会。"重要的是，不，在做出决定时，无论是重要的还是微小的，都不要让自己的情绪压倒你。每个人都应该努力致力于面对问题或决定的艰苦过程，在匆忙采取第一步行动之前，通过所有可能的排列和组合，建立一个经过深思熟虑的相互关联的可能性和结果网络，以确保他们能够权衡哪种选择对自己和周围的人最有利。

智慧及其对决策的影响，在实现情感平衡方面发挥着关键作用。它的影响力源于它能够提供一个更广泛的视角，超越经常影响判断的即时情绪反应或偏见。智慧赋予个人考虑其决策的长期后果和影响的能力，确保选择与他们的价值观和目标一致。这种高度的视角使个人能够清晰地应对具有挑战性的情况，并做出植根于理性和情商平衡融合的决定。

因此，智慧使个人具备有效调节情绪的能力。聪明的人拥有识别和理解自己情绪所必需的自我意识和情商，而不允许他们控制自己的决策过程。通过利用他们的智慧，他们可以驾驭复杂的情感景观，在理性和情感的深思熟虑和平衡融合的指导下做出选择。辨别力是智慧在实现情感平衡方面的另一个关键方面。聪明的人善于区分真正的直觉和冲动的情绪反应。这种洞察力使他们能够在深思熟虑的基础上做出选择，而不是屈服于即时的情感满足。通过仔细评估和辨别他们情绪反应的根本原因，明智的人可以做出与他们的长期目标和整体幸福感相一致的决定。

智慧也促使个人考虑其决策的道德含义。这包括反思他们的选择将如何影响自己和周围的人。道德考虑在决策中至关重要，因为它们确保在做出选择时有责任感和对更大利益的承诺。聪明的人可以将伦理原则融入他们的决策过程，促进理性、情感和道德考虑的平衡融合。

聪明的人通常相信，在将死之前，他们有足够的时间来制定自己的想法。他们学会了简单地划分自己的情绪。这可以通过多种方式实现，其中一种是通过暂时搁置情绪来创造心理边界，让你专注于手头的任务。当从事需要理性思考的任务时，有意识地抛开情感顾虑，专注于逻辑分析。

另一种可能是练习正念；这可以通过开发一些技术来实现，这些技术可以让你在不被淹没的情况下观察自己的情绪。这可以从冥想到业余爱好的练习。智慧最大的主题之一是自我意识，正如在这段旅程的早期所阐述的那样，这就是为什么参与情绪划分的最佳方式之一是进行自我反思。自我反省意味着花时间反思自己的情绪，并理解其根本原因。考虑一下你的情绪是否影响了你的判断或想法。了解情绪的根源可以帮助你将其与理性思维区分开来。

关系智慧

对人的价值的认识和培养有意义的关系是追求智慧不可或缺的。智慧需要情感和理性思维之间的平衡。我们现在将更深入地探讨在个人身上看到价值和培养有意义的联系的意义，说明它与通过情商和同理心参与发展智慧的关系。

情商是发展智慧的核心。通过识别和理解自己的情绪，我们可以更好地理解和同情其他人，同时培养一个更好、更开放、有真正联系的环境。这也导致了同理心的力量，也许这是智者最有力的武器之一。

理解自己情绪和过程的能力被称为智慧，但想象一下理解另一个人的情绪和过程；这将是智慧巅峰的基石。通过同理心，个人可以建立真正的联系，促进相互理解。例如，一个表现出同理心的明智领导者会认识到周围人的优势和挑战，利用他们的潜力，发挥他们的优势，并创造一个促进成长和合作的环境。重视个人和人际关系有助于持续的学习和个人成长，这是智慧的座右铭。聪明的人认识到每个人都有独特的知识、经验和见解。

通过积极寻求向他人学习，他们拓宽了对世界的理解，增强了智慧。他们欣赏不同观点的变革力量，并乐于接受建设性的反馈。例如，明智的导师重视学员的知识和经验，培养双方共同学习和成长的互惠关系。有尊严地对待人是智慧的一个基本方面，与前几节探讨的主题有着错综复杂的联系。它涉及到承认每个人的内在价值和价值，对建立可持续的关系至关重要。有尊严地对待人民的重要性怎么强调都不为过。本章的最后一部分将承认有尊严地对待人民的重要性，强调它如何有助于培养智慧和建立持久而有意义的联系。

以上述尊严对待人包括表示尊重和承认他们的内在价值。这意味着承认和重视他们的独特品质、观点和贡献。聪明的人明白每个人都有值得奉献的东西，他们积极寻求欣赏和尊重他人固有的尊严。这样做包括让他们变得真实，并鼓励个人成长。聪明的人会为他人提供支持、鼓励和机会，让他们充分发挥自己的潜力。通过积极的倾听和同理心来培养人际关系中的尊严。聪明的人会真诚而专注地倾听，寻求理解他人的观点、需求和情绪。他们培养同理心，设身处地为他人着想，充分把握自己的经历。

通过倾听和同理心，培养可持续的关系，让个人感受到被倾听、被验证和被理解。有尊严地对待他人需要巧妙地解决冲突和宽恕他人的意愿。聪明的人认识到冲突在人际关系中是不可避免的，但要以同理心、耐心和理解和寻找共同点的承诺来处理冲突。他们优先考虑公开和尊重的沟通，寻求尊重所有相关方尊严的解决方案。此外，聪明的人理解宽恕在维持关系中的力量。他们认识到，它允许治愈、成长和恢复信任。

同理心是人际关系中智慧的基石，体现了理解和分享他人感受、观点和经历的能力。它的培养证明了一个人的情商和超越自我中心的能力。通过同理心，聪明的人表现出对周围人福祉的真正关心，营造一个理解和联系的环境。通过积极参与同理心的实践，他们专注倾听，验证情绪，并提供支持，超越单纯的同情，真正掌握他人的生活经历。智慧使个人能够弥合分裂我们的鸿沟，建立同情和同理心的桥梁。积极倾听是智慧领域中的一项重要技能，是建立有意义关系的渠道。它需要充分关注演讲者，暂停判断，并寻求深入理解自己的信息。积极倾听超越了仅仅听单词的行为，因为它涉及到仔细观察非语言线索、语调和所表达的潜在情绪。通过磨练积极倾听的艺术，聪明的人为公开对话创造了一个安全和支持的空间，使他人能够充分表达自己。这种技能可以培养尊重、信任和相互理解的意识，为建立联系奠定基础。

有效沟通是人际关系中智慧的一个基本方面，是一种微妙的技能，包括表达和接受。明智的人认识到，有效的沟通是一个互惠的过程，要求他们表达自己的想法、需求和感受，同时对他人的观点保持开放。通过拥抱真实性和脆弱性，他们可以清晰、完整地传达自己的想法和情感，培养真正有意义的联系。同时，明智的人也理解以开放的心态认真倾听、重视他人观点和见解的重要性。他们寻求共同点，寻求建立超越差异、滋养联系的共同理解。此外，智慧在解决关系中的冲突方面发挥着至关重要的作用。明智的人以冷静和反思的心态处理冲突，将理解和和解置于自我驱动的斗争之上。利用他们的同理心和积极的倾听技巧，他们进行建设性的对话，试图揭示潜在的需求和动机。他们用情商处理冲突，缓解紧张局势，找到尊重所有相关方福祉的合作解决方案。智慧使个人能够超越个人偏见和不满，营造一个冲突成为成长、理解和加强关系的机会的环境。

在创造支持性环境的过程中，智慧是促进个人成长和集体福祉的引导力量。聪明的人懂得鼓励、认可和建设性反馈在培养周围人潜力方面的力量。他们创造了一个空间，让个人感到安全，可以探索自己的想法，表达自己的情绪，并承担风险。通过承认和庆祝他人的独特优势和贡献，明智的个人培养了一种赋权文化，营造了一个培养个人成长和繁荣的环境。

以尊严待人

有尊严地对待他人包括在关系中尊重、认可和赋权的原则，营造一个可持续和充实的关系能够蓬勃发展的环境。通过深入研究在日常互动中展示尊严的实用建议，探索权力、平等和包容性的动态，我们可以揭示智慧如何塑造我们的关系，并为它们的长寿和实现做出贡献。尊重是有尊严地对待人民的基本支柱。它包括承认和尊重每个人的内在价值和价值，无论他们的背景、地位或信仰如何。聪明的人明白，尊重不仅仅是一种被动的承认，而是一种渗透到他们互动中的主动实践。他们热情地欣赏，重视每个人的独特贡献和观点。通过他或她的言语、行动和态度来表示尊重，会创造一个让每个人都感到被看到、被听到和被重视的环境。

承认是有尊严地对待人民的另一个重要方面。聪明的人超越单纯的认可，积极肯定他人的技能、品质和成就。他们为个人创造了发光发热、庆祝成就和培养成长的空间。通过验证和鼓励，他们营造了一种积极和支持的氛围，使他人能够拥抱自己的潜力并追求自己的目标。通过培养一种认可的文化，明智的个人可以在相互尊重和个人发展的基础上建立可持续的关系。

在维护人的尊严原则方面，赋予权力的概念具有重要意义。聪明的人具有智慧，能够认识到为他人提供繁荣和繁荣所需的工具、资源和机会的首要意义。它们建立了包容性的环境，使所有人都有机会表达自己的观点，并积极参与追求集体目标。通过营造一个促进积极参与、合作和包容性审议的环境；它们赋予个人对自己的生存承担责任的能力，并为整个社区的改善做出贡献。通过赋权，有智慧的人努力培养持久的关系，培养个人发展、集体胜利和满足感。

在人际关系中，权力动态在决定个人受到尊严对待的程度方面发挥着至关重要的作用。聪明的人会适应人际交往中可能出现的潜在权力失衡，并努力缓解这种失衡。他们对待关系时承诺平等，承认每个人都应该得到公平的待遇和机会。通过废除等级制度和培养包容性空间，明智的个人会促进归属感，并创造一个所有声音都能被听到和重视的环境。

包容性是有尊严地对待人民的一个重要组成部分。聪明的人拥抱多样性，并积极寻求创造尊重和尊重来自不同背景、文化和身份的个人的空间。他们认识到，不同的视角丰富了人际关系，促进了创造力、创新和集体成长。通过培养一个崇尚多样性的环境，明智的个人可以建立以开放、同理心和相互理解为特征的可持续关系。

第四章: 信仰

信仰智慧的意义是深远的，正如我们在早期的旅程中已经确立的那样。在本章深入探讨信仰的影响和含义之前，让我们问问自己，信仰在我们生活中的重要性是什么？

信仰将其价值观扩展到宗教和精神领域之外。它深深植根于智慧和哲学的世界。信仰在培养对世界更深入的理解和激发智力探究方面发挥着独特的作用。它鼓励个人探索关于存在、意义和现实本质的问题。

如果我们考虑一下我们过去的哲学家是如何将这些意识形态融入他们的作品中的，那么信仰在哲学中的重要性不仅仅是少数几个例子。

数学家、物理学家和哲学家布莱斯·帕斯卡（Blaise Pascal）就是这样一个例子，他在自己的作品《笔》（Pensées）中研究了信仰与理性之间的关系。他提出了帕斯卡的Wager，这一论点表明，即使真主的存在无法证明，相信真主也是合理的。Pascal承认理性在解决生存问题方面的局限性，并提出信仰为理解生命的奥秘提供了一种更全面、更充实的方法。通过整合信仰和理性，帕斯卡强调了对现实本质进行平衡和开放的探究的重要性。同样，我们可以考虑托马斯·阿奎那的论点。阿奎那的方法表明了将信仰和哲学探究作为通往智慧和理解的互补途径的重要性。阿奎那是一位中世纪的哲学家和神学家，他通过其颇具影响力的著作《神学概论》寻求调和信仰和理性。阿奎那坚信信仰和哲学都是真理的源泉，它们相辅相成。他认为，理性可以阐明信仰的某些方面，而信仰可以提供超越理性的见解和答案。

然而，如果我们深入世界各地，我们可能会发现Al Farabi的有趣案例，他是一位伊斯兰哲学家，在哲学、政治学和音乐理论等各个领域做出了重大贡献。他写了大量关于信仰和理性之间关系的文章，特别是在伊斯兰哲学的背景下。

法拉比强调信仰与理性的相容性，认为真正的哲学应该与宗教信仰相和谐。他认为，哲学和宗教可以对现实的本质和人类状况提供互补的见解。根据阿尔·法拉比的说法，信仰是哲学探究的垫脚石，理性是通往对宗教真理更深入理解的阶梯。

从欧洲到非洲，一直到亚洲，世界各地都有许多信仰影响的例子。最终的结果是，信仰可以成为人类生存的一个内在方面，而且从人类出现的时候起就一直如此。它超越了宗教界限，体现了个人对比自己更伟大的东西的信念：可以说，是一种更大的力量。无论是基于精神、哲学还是个人信念，信仰在塑造个人和社会方面都发挥着重要作用。

在大多数人的生活中，信仰被描述为希望的灯塔、灵感的源泉和个人成长的催化剂。我们现在将探讨信仰在人类生活中的深层含义，以及它如何与智慧联系在一起，强调它在逆境中培养希望、激发目标和建立韧性的能力。

乐观主义的力量：

作为人类，我们有能力培养希望，这是我们天性中一个神秘而有趣的方面，与我们的信仰密切相关。生活是不可预测的，有时会给我们带来意想不到的挑战。当我们面临绝望和怀疑时，我们的大脑会成为情绪的战场，让我们感到绝望。但在这些黑暗时刻，信仰可以像一颗闪亮的星星一样指引我们，照亮通往更美好未来的道路。本次探索的重点是信仰如何使我们能够培养希望、找到安慰、发现目标和发展韧性。作为一种强大的心理机制，信仰在痛苦中培养希望方面发挥着关键作用。

作为一个多方面的结构，它包含了对更高权力、宇宙秩序或超越人类局限的精神力量的信仰。这种信仰体系给个人注入了自信，因为他们知道自己并不是孤立地应对生活中的挑战。相反，他们从一种看不见的仁慈的支持和引导下获得了安慰，从而产生了更好结果的希望。在信仰的框架内，和平成为一种强有力的变革性体验。在生活的风暴中，个人在自己的信仰中找到了避难所，信仰充当了稳定情绪动荡的锚。

这种和平可以与宗教环境相辅相成，渗透到人类生存的各个方面。研究表明，即使是那些不信教的人，也可以通过冥想和正念等精神练习来体验到一种舒适感，这突出了信仰在培养希望方面的普遍吸引力。

此外，信仰为个人提供了一种目标感，使他们能够忍受和坚持逆境。有了对更宏伟计划或更高目标的信念，个人就会被克服挑战的动力所驱使。这种总体目标感产生了顽强的精神，鼓励个人在斗争中找到意义，并将挫折视为个人成长和自我发现的机会。

信仰的一个迷人方面在于它作为恢复力的催化剂的作用。宗教和希望之间的关系为个人提供了一种独特的应对机制。研究表明，具有强烈宗教或精神信仰的个人在面对创伤事件时表现出更大的韧性和适应性。信仰成为力量的源泉，使个人能够超越最黑暗的时刻，拥抱充满可能性的未来。信仰赋予个人一种期望感，一种超越眼前挑战的前瞻性观点。这种强烈的渴望培养了乐观主义，使人类精神充满活力，相信前方会有更光明的未来。这种乐观情绪促使个人坚持不懈，朝着自己的愿望迈出大胆的步伐，走出一条充满希望的道路。

善与恶

在我们不断寻求理解造物中善与恶的关系的过程中，我们发现自己在对真主坚定不移的信仰的指引下，踏上了一段发人深省的旅程。当我们开始这一深刻的探索时，我们邀请您加入我们的对话，深入探讨这些永恒力量的深处，超越仅仅是问题和答案的限制。因为我们所寻求的答案远非简单，它们将我们带入人类体验的核心。

为什么真主，我们的创造者，允许邪恶的存在？这个让人类困惑和好奇了很久的问题，很可能在某个时候出现在你的脑海中。为了解决这个问题，我们必须承认，在存在的宏伟设计中，善和恶都扮演着至关重要的角色。就像地球绕太阳运行一样，它被向心力和离心力的相反作用力固定在适当的位置。这两种力量创造了微妙的平衡，使我们的星球不会螺旋式地撞向太阳或逃入太空。我们不能将其中一种力量归类为内在的善，而将另一种归类为恶；它们有着密不可分的联系，对于维持天体和谐的舞蹈是必不可少的。想想错综复杂的生命之网，每一条线索都有其用途，即使我们还不清楚。就像在捕食者和猎物共存的自然界一样，有一种微妙的平衡，可以让生态系统蓬勃发展。从总体上看，邪恶或逆境可能被视为一种对比力量，有助于我们欣赏善良，并驾驭我们世界的道德复杂性。在我们寻求理解的过程中，让我们记住，我们生活中的逆境也可以被视为成长、恢复力和发展道德指南针的机会。

现在，在更小的尺度上考虑这种平衡，比如原子。在原子结构中，原子核就像太阳一样，电子围绕着它旋转。向心力和离心力的双重作用再次发挥作用，确保了原子水平的稳定性。同样的二元性适用于从宇宙到亚原子的所有存在层次。善与恶的存在是我们生存的必要条件。它是复杂生命网的一个基本方面，包括浩瀚的宇宙和微小的亚原子粒子世界。

那么，真主为什么要创造这两种力量呢？答案在于均衡的必要性。善和恶不是对立的实体，而是同一个宇宙硬币的两面，永远交织在维持我们生存的复杂舞蹈中。它们是宇宙的阴阳，维持着宇宙的平衡，并为塑造我们生活的道德和伦理选择提供了框架。

现在，问题来了：在这些力量中，谁是邪恶的还是善良的？事实是，既不是纯粹的善，也不是纯粹的恶；它们以永恒的混合状态存在。这种对偶性从行星和恒星保持微妙平衡的天体层面延伸到原子层面以及两者之间的一切。你和我也是这些宇宙力量的独特融合体，我们每个人都有能力采取有道德和有缺陷的行动。这种善与恶的双重性存在于我们的内心。利用这些内在力量来提炼神圣的智慧是我们神圣的责任。当我们屈服于欲望、愤怒、贪婪、依恋、自我、嫉妒和恐惧时，我们就会向邪恶倾斜。相反，当我们培养同情心、爱、同理心和无私时，我们会与善的道路保持一致。我们的行动和选择决定了我们生活中这些宇宙力量之间的平衡。

邪恶的存在是宇宙秩序固有的，只要真主允许，它就会持续存在。虽然宗教和神话故事中充斥着善战胜恶的故事，但现实是，恶仍然是一股持久的力量，是真主启动的复杂平衡的一个组成部分。认识到这种持久的二元性是朝着更深刻地理解我们的存在和我们在宇宙秩序中的地位迈出的第一步。

那么，你应该如何利用这些知识呢？接受这样一种理解，即善与恶的双重性存在于我们和我们所感知的一切之中。努力传播善意、意识和教育，引导个人摆脱基本欲望的束缚，走向精神成长的道路。通过培养美德和促进理解，我们可以为世界上更大程度的善平衡做出贡献，并促进个人从仅仅是其欲望的产物转变为积极变革和启蒙的灯塔。根据定义，邪恶是坏的吗？这个深层问题的解决方案比简单的"是"或"否"更复杂。这是一个深入哲学和宗教思想的深入而微妙的调查。一个人的观点，以及他们相信一切都是按照神圣计划发展的愿望，强烈地决定了一个人如何理解这个问题。通过接受这样一个事实，即所有的事情，包括那些看起来很糟糕的事情，都是一个更大的宇宙计划的一部分，一个人可以更深入地了解控制世界的微妙平衡，并走上通往终极智慧的道路。

更深入地探讨这个话题，想想当一个人所爱的人去世时，他所感受到的令人心碎的痛苦。乍一看，这起令人悲伤的事件似乎是邪恶的表现。它造成的痛苦是显而易见的。然而，一切出生的东西都注定会死亡，这是存在的一个基本现实。死亡，在其必然性中，代表着能量从一种形式转移到另一种形式。逝者的本质能量或本质从未真正消亡；相反，它只是从一个化身转移到另一个化身，维持着永恒的创造循环。这种观点鼓励我们深入研究表面背后，思考我们生活经历的潜在意义。

在我们继续努力理解善与恶的平衡时，我们必须认识到这些力量不是单独的概念，而是更大设计的重要方面。这些力量的复杂相互作用深刻影响着我们的生活，为我们提供了教训和挑战，使我们能够进步、学习，并最终找到回归神圣之源的道路。这些相遇交织在我们存在的结构中，将我们与宇宙的巨大织锦联系在一起。让我们对真主的信任成为我们在浩瀚的生命迷宫中导航的指路明灯，让我们对知识的不懈追求让我们更好地理解善与恶之间的宇宙之舞。在这项努力中，我们试图揭示通往精神启蒙的道路，一条将我们自己与宇宙节奏联系起来的道路。在这首伟大的宇宙交响曲中，我们的信仰和对真理的探索无缝融合，激发了我们的行动，通过它们，我们发现了我们在宇宙宏伟设计中的目的，永远敬畏宇宙的复杂性和美丽。

信仰激励目标:

纵观人类历史，信仰和目标之间的相互作用一直是一个引人入胜的研究主题，吸引着学者和研究人员。作为人类经验的一个基本方面，信仰一直激励着个人，为他们的生活提供信念和方向感。这种迷人的现象深深植根于各种文化、宗教和信仰体系中，它挖掘出精神、伦理和人类动机之间的复杂联系，使研究着迷。

深入研究信仰影响的多维性，我们不能忽视它作为道德指南针的能力，指导个人的行动并塑造他们的决定。在不同的宗教传统中，神圣的文本和教义是发光的灯塔，照亮了正义和美德的道路。宗教研究的学者们对这些伦理准则进行了剖析，以了解它们是如何构建道德行为和性格发展的框架的。审视信仰和伦理原则的融合，可以发现一张精心编织的、有凝聚力的网，激励目标驱动的生活，为社会的改善做出贡献。在心理学和社会学研究中，信仰在灌输同情、宽恕和正义等价值观方面的作用一直是一条诱人的探索途径。研究人员试图揭示这些价值观是如何在信徒的心理中根深蒂固的，从而塑造他们的人际关系和社会角色。例如，同情心和信仰之间迷人的相互作用揭示了个人如何培养对他人的同理心，超越个人界限来提供善意和帮助。关于宗教背景下宽恕的影响的讨论深入探讨了释放怨恨和促进和解背后的心理过程，从而更深入地了解了信仰如何培养和谐和社会凝聚力。

对宗教哲学的研究进一步深入探讨了信仰和目的的存在基础。从历史上看，哲学家们一直在努力解决有关生命终极意义的问题，研究信仰、目标和人类实现之间的关系。通过仔细研究不同时代著名思想家的著作，学者们试图解读信仰如何支撑人类心理，使个人能够在复杂的存在中找到目标。

跨学科的实证研究也试图确定信仰对激励有目的行动的现实影响。社会学家和人类学家从事人种学研究，揭示宗教社区如何动员他们的信仰来发起慈善事业和社会正义倡议。通过这些调查，研究人员阐明了信仰的变革潜力，强调了它激励集体努力实现共同目标的能力——创造一个更加公平和富有同情心的社会。批评者和怀疑论者认为，信仰有时可能是一把双刃剑，会煽动个人从事教条主义的追求，并使排外的世界观永久化。这种充满活力的话语，在信仰的积极启发和潜在陷阱之间取得了微妙的平衡，促使学者在解释其社会影响时采用批判性的视角。

尽管如此，信仰和目标之间相互作用的诱惑仍然存在，吸引着我们深入研究这一迷人的领域。关于人类动机的来源和信仰在推动有目的的生活中的作用的长期问题需要跨学科的研究，结合神学、心理学、社会学和哲学的见解。随着我们对人类认知和精神的理解不断深入，研究人员正站在揭示信仰和人类动机之间关系的前沿。

信仰建设韧性:

在我们这个动荡的世界里，考验和磨难往往会削弱个人的精神毅力，信仰成为一条束缚链和一种强大的武器，增强了一个人的稳定感，并推动他们前进。逆境是人生旅途中不可避免的伴侣，往往需要韧性。在这场严峻的挑战中，信仰是坚定的伴侣，为个人提供了度过最黑暗时刻所需的内在力量。它超越了宗教或精神派别，包容了所有寻求希望的人，并为理解和接受困难的环境提供了一个强有力的框架。通过提供安慰和给个人注入力量，信仰在人类体验中发挥着不可替代的作用，激励目标，并将生活的障碍转化为成长的垫脚石。在其核心，信仰体现了人类状况的一个普遍方面，远远超出了宗教教义的范围。这是一种与生俱来的倾向，一种信念，即在有形的领域之外还有更伟大、更有意义的东西。无论是指向更高的权力、更大的目标，还是对自己不可动摇的信念，这种信念都会孕育希望——一座即使在最黑暗的时代也会闪烁的灯塔。这种希望成为一条生命线，将个人从绝望的深渊中拉出来，并在不确定性的阴影中提供一丝乐观。

此外，信仰是一种强大的灵感来源，点燃目标，指引看似混乱的存在。它赋予生命意义，促使个人追求更高的理想，为超越生存的更大目标而奋斗。对于那些在宗教信仰中找到和平的人来说，神圣的文本和教义提供了指导，揭示了一个道德指南针，引导行动和决定走向正义和美德的道路。这种目标感成为了一种锚，防止个人在生活的喧嚣中漫无目的地漂泊，并为实现和个人成长指明了方向。

在逆境中，信仰就像坚韧的盔甲，保护个人不屈服于绝望。一个人并不孤单，一种神圣的力量或指导原则支持他们度过最黑暗的时刻，这一知识使个人能够忍受并从生活的熔炉中变得更强大。通过祈祷、冥想或参加宗教仪式，个人利用自己的信仰在混乱中找到慰藉和意义，从而重建破碎的精神，并鼓起勇气继续前行。信仰变革力量的概念不仅局限于个人生活，而且渗透到整个社会，在动荡时期提供集体力量。

历史见证了许多例子，在这些例子中，信仰团体因共同的信仰而团结在一起，经受住了逆境的风暴，在面对原本会将他们撕裂的考验时激发了韧性。信仰驱动的社区的不屈精神起到了团结力量的作用，促进了相互支持、同理心和从毁灭的废墟中重建破碎社会的集体决心。

信仰以其固有的力量和信念，具有推动个人生活变革的非凡能力。自从太阳出现在我们这个物种身上以来，信仰就一直是人类历史的一部分，可以肯定地说，它激发了很多变化，并对我们的决策方式产生了重大影响。

塑造信仰和价值观：

信仰与形成信仰和价值观之间的相互作用构成了一个引人入胜的多方面主题。如前所述，信仰，无论是植根于宗教教义还是个人哲学，都是一股强大的力量，它给个人灌输了同情、正直和同理心等永恒的原则。这些根深蒂固的价值观是指路明灯，引导个人做出与其信仰一致的选择，并为社会结构做出积极贡献。这些决定的含义远非绝对，因为它们变得主观，取决于做出选择的人的独特视角和道德指南针。在信仰的影响下塑造信仰和价值观的过程是一个细致入微的过程，交织着个人经历、文化影响和精神指导。宗教教义往往在这一变革过程中占据核心地位。

它们在道德准则和伦理准则之间提供了丰富的相互关系，成为个人塑造性格的基石。在神学领域进行的深入研究深入探讨了宗教教义影响信徒道德发展的复杂机制。通过研究神圣的文本、仪式和精神领袖的教导，研究人员揭示了信仰的这些方面是如何灌输同情、正直和同理心的价值观的，从而培养道德良知，为道德决策提供信息。

　　此外，个人哲学在塑造信仰和价值观方面的作用不容忽视。虽然信仰通常与有组织的宗教联系在一起，但它也包含了个人的精神旅程，人们在其中探索意义、目的和道德问题。对伦理学和存在主义的哲学探究有助于这一探索，为个人定义其原则和信念提供了不同的框架。

　　对个人哲学的研究揭示了个人如何从不同的思想流派中汲取灵感，构建自己的价值体系，融合利他主义、人文主义和存在主义的元素，以应对生活道德困境的复杂性。信仰引发的信仰和价值观的影响超越了个人领域，影响了更广泛的社会动态。当个人内化同情、正直和同理心的美德时，他们就会成为社区积极变革的大使。对信仰对社会价值观影响的社会学研究揭示了集体遵守共同原则是如何促进社会凝聚力和加强社会结构的。这些共同的价值观可以塑造社会规范，指导立法决策，并激励超越个人利益、支持共同利益的人道主义努力。

信仰影响下道德决策的主观性质为这一探究增加了一层复杂性。虽然信仰是寻求做出道德选择的个人的灵感源泉，但这些决定的结果可能会因对宗教教义或个人哲学的不同解释而大相径庭。道德相对主义是哲学和伦理话语中广泛研究的一个概念，它承认来自不同文化和宗教背景的伦理观点的多样性。这一认识需要在信仰社区和社会内部进行批判性反思和对话，促进对不同观点的欣赏，同时在道德问题上寻求共同点。

赋予目标和抱负权力：

　　信仰与追求目标和抱负之间错综复杂的关系构成了一个引人入胜的学术探索主题。当我们深入研究这个迷人的领域时，很明显，信仰，一种超越宗教界限的力量，为个人提供了目标感和信念。这种希望和决心的强大融合使他们能够实现远大梦想，踏上个人和职业成就的非凡之旅。通过信仰的镜头，我们见证了灵感的变革力量，鼓励个人摆脱自我强加的限制，超越自己的舒适区，积极追求自己的激情。

在这种对信仰的滋养拥抱中，激励和勇气被点燃，推动个人克服巨大的障碍，在逆境中坚持下去，并在不懈追求有意义成就的过程中接受精心策划的风险。

信仰对赋权目标和愿望的影响源于它天生的能力，即为生活注入超越世俗和常规的目标。宗教教义、精神启示或个人哲学成为指引的灯塔，照亮了通往更高使命和更宏伟存在愿景的道路。在对信仰在目标设定中的作用的学术探索中，我们揭示了对神圣计划的信仰，或个人野心与更大的宇宙力量的结合，是如何激励个人实现抱负的决心的。

信仰和追求目标之间的协同作用并不局限于被动的沉思；相反，它成为一种推动个人行动的催化力。这种变革过程在个人和职业成就方面尤为明显。心理学研究深入探讨了信仰是动机驱动力的机制，通过这种机制，提升个人采取决定性步骤，将他们的愿望变成现实。信仰培养了一种承认成长潜力的心态，激励个人将挑战视为垫脚石，而不是不可逾越的障碍。当野心的引擎咆哮着冲向生活时，个人会找到勇气，挑战熟悉的舒适感，拥抱冒险进入未知的兴奋感。

在追求宏伟目标的过程中，逆境往往迫在眉睫，考验着一个人的承诺和决心。信仰是一个坚定的伴侣，用力量和韧性支撑个人抵御风暴，并在困难中坚持下去。对信仰在培养决心中的作用的研究揭示了对更高权力或内在目标感的信仰是如何在怀疑和沮丧的时刻提供鼓励的来源的。信仰的力量不在于消除一个人道路上的障碍，而在于坚定个人的勇气，勇敢地克服挑战，从超越时间挫折的更高使命中汲取力量。

信仰的变革影响超越了个人追求，塑造了集体愿望和社会进步的轨迹。在信仰社区的框架内，共同的价值观和共同的目标激励着集体努力，使社会发生革命性的变化。这些探索信仰和社会运动交叉点的研究揭示了宗教或精神信仰如何推动变革，激励个人团结一致，实现正义、平等和人权的共同愿景。

转变态度和心态：

在不断寻求改变和自我完善的过程中，信仰成为态度和心态转变的催化剂。当个人面临挑战，接受乐观的人生观，培养感恩、坚韧和毅力的美德时，信仰影响的这一迷人而多方面就展现出来了。在信仰的滋养怀抱中，个人经历了一段蜕变之旅，转变为一种积极拥抱成长的心态，并将挑战视为学习和个人发展的垫脚石。此外，信仰促使个人放弃自我限制信仰的束缚，从而对自己的能力产生新的信心和信念。这种心态的动态转变使个人能够以非凡的开放精神、适应性和拥抱变革之风的意愿来对待生活。

信仰在塑造态度和心态方面的力量取决于它为生活注入持久的希望和积极感的能力。这项关于信仰对心理领域态度影响的研究揭示了对更高权力或宇宙秩序的信仰是如何给个人注入持久的乐观情绪的，这种乐观情绪可以抵御生活的风暴。当个人在信仰中站稳脚跟时，他们会找到拥抱感恩的力量，在考验中认识到祝福，在困难中找到和平。这种从悲观到乐观的转变成为了一座灯塔，引导个人穿过最黑暗的隧道，并灌输一种在逆境中勇往直前的坚韧精神。

此外，随着个人接受成长和发展的范式转变，信仰和心态转变之间的关系变得非常明显。信仰促使个人采取一种心态，将挑战视为学习和自我提升的黄金机会，而不是不可逾越的障碍。在各个领域对信仰引发的成长心态的探索揭示了如何鼓励个人走出自己的舒适区，冒着风险以肆无忌惮的热情追求自己的愿望。在这种成长的追求中，个人从信仰的源泉中汲取灵感，推动自己走向一个充满可能性和变革可能性的未来。

信仰对态度和心态的变革性影响不仅仅局限于乐观和成长；它变成了一种工具，用来瓦解阻碍个人进步的自我限制的信念。

这些限制性信念往往深深植根于经验或社会条件，成为制约个人充分发挥潜力的链条。然而，在信仰中，个人发现了一种解放的力量，敦促他们释放怀疑和不安全的负担。取而代之的是，信仰灌输了一种不可动摇的自信感和对自己能力的信心，成为一股磁力，吸引个人走向自我赋权和未开发的潜力。

在信仰的影响下，这种心态的变革性转变最终导致了对变革和适应性的开放。当个人接受信仰的原则时，他们会变得愿意优雅地接受生活的曲折，适应新的环境和机会。对信仰对态度影响的社会学调查揭示了信仰社区中的个人如何对变革表现出更大的韧性和接受力，在社会变革中营造和谐的氛围。

培养个人关系:

信仰对人际关系的影响一直是一个广泛调查的主题，吸引了来自不同学科的学者。宗教是全球社会中一股普遍存在的力量，它促进了个人之间建立有意义和富有同情心的联系。在这场引人入胜的探索中，我们开始了一段旅程，探索信仰如何鼓励个人向他人提供爱、宽恕和理解，建立和谐的纽带，促进相互联系。

通过研究信仰社区中普遍存在的支持系统和共同价值观，我们揭示了这些关系如何成为个人成长、相互支持和富有成果的合作的沃土。通过信仰的视角，我们发现个体如何学会培养同理心、练习宽恕和培养社区意识，最终形成超越信仰体系界限的更充实和丰富的关系。

信仰对人际关系影响的核心在于它激发同情心的能力。无论宗教或精神信仰如何，宗教都会向个人灌输对他人的同理心和理解感。

探索信仰和同情心之间联系的心理学研究揭示了对更高权力或普遍相互联系的信仰是如何激励个人扩大善意和利他主义行为的。同理心，即与他人经历产生情感共鸣的能力，是培养与人类同胞有意义联系的重要组成部分。信仰鼓励信徒设身处地为他人着想，培养对自己福祉的真正关心，并培养关爱和同情的文化。宽恕是信仰对人际关系影响的另一个重要方面，引起了试图理解人类和解动态的学者的注意。宗教教义往往强调宽恕，鼓励信徒放下过去的违法行为，接受和解的变革力量。

在信仰背景下对宽恕的研究揭示了宽恕行为带来的心理和情感益处。当个人学会宽恕时，他们会体验到解放感和情感治愈，并为培养更健康、更持久的关系奠定基础。对信仰促进宽恕的机制进行的各种调查揭示了宗教信仰如何作为对抗怨恨和仇恨的缓冲，加强人际关系的结构。

信仰社区是一个迷人和支持性的生态系统，在探索信仰对个人关系的影响时值得高度关注。社会学领域已经开始调查信仰团体的复杂动态，揭示这些社区如何在其成员之间培养归属感、友情和共同价值观。通过集体崇拜、仪式和社会活动，这些信仰群体中的个人与志同道合的同龄人建立了联系，超越了社会、文化和种族差异的界限。这些基于信仰的群体中培育的社区环境为建立在相互信任和理解基础上的牢固关系奠定了基础。基于信仰，这些联系成为情感支持的宝贵来源，在充满挑战的时期增强个人的韧性和应对机制。

此外，信仰社区往往成为个人成长和发展的孵化器，营造一个鼓励个人探索潜力和才能的环境。关于谦逊、毅力和服务的宗教教义激励信徒自我提升，并为他们的社区做出有意义的贡献。

在信仰环境中对个人成长的考察揭示了冥想、祈祷和反思等精神实践如何有助于增强自我意识和内省。这种内部变化对个人如何驾驭人际关系产生了积极影响，使他们能够成为更开放、更具同理心和理解力的伴侣、朋友和社区成员。

信仰和个人关系之间的相互作用超越了个人互动，渗透到合作努力和集体倡议中。学者们探索基于信仰的社会激进主义的动态，阐明了共同的信仰和价值观是如何动员宗教团体为超越个人利益的事业团结起来的。在这种合作努力中，不同的信仰团体找到了共同点，超越了教派分歧和社会障碍，解决了紧迫的社会问题。对社会正义和利他主义的共同承诺突显了信仰是如何作为一种凝聚力，将个人团结在一起，追求共同的目标，超越信仰体系的界限，形成相互联系的和谐织锦。然而，对信仰在培养人际关系中的作用的调查缺乏复杂性和挑战性。研究人员深入研究了信仰对人际关系影响的阴暗面，承认宗教观点或排他性可能会导致分裂和冲突。信仰社区内部和信仰社区之间的包容性和对话成为人们关注的焦点，学者们在一个日益多样化和相互关联的世界中寻求促进相互理解和弥合分歧的途径。

寻找意义与实现:

在对意义和成就的不懈追求中，信仰成为一种不屈不挠的力量，引导个人走向超越世俗追求的目标感。当个人被鼓励寻求超越自我的体验，将他们与比自己更伟大的东西联系起来时，信仰的这一迷人方面就会展现出来——一种神圣的力量、一种普遍的真理或一种深刻的个人精神感。

从本质上讲，信仰打开了通往更深层存在的大门，为个人提供了在生活的织锦中寻找意义、满足感和满足感的钥匙。

追求意义和实现是一种跨越文化、宗教和信仰体系的普遍渴望。在信仰中，个人开始了一段变革之旅，信奉原则和精神教义，为生活注入超越时间和短暂的目标。对信仰传统中意义追求的哲学探索揭示了个人如何寻求生命存在问题的答案，努力解决存在的本质及其在宇宙中的地位。信仰在引导个人走向超越体验方面的作用是宗教研究中一个令人着迷的主题。

当个人培养他们的信仰时，他们发现自己被神圣的邂逅、神秘的启示和精神觉醒的时刻所吸引。

对这些超验体验的探索揭示了信仰如何作为一种渠道，使个人能够与更高的力量、普遍的真理或灵魂的最深处联系起来。这些与神圣的相遇成为照亮的灯塔，照亮通往生命意义和实现的道路。

此外，信仰赋予个人一种与更广阔的宇宙相互联系的感觉，作为一种强大的力量，溶解了自我和宇宙之间的界限。

这种神圣的联系成为巨大安慰和保证的源泉，在宏大的存在织锦中培养出深深的归属感和目标感。

在心理学研究领域中，对信仰对自我超越的影响的探索揭示了当个人超越自我的约束，与比自己更伟大的东西建立联系时，他们是如何体验到满足感和满足感的。当个人将自己的行为与信仰相一致时，他们会发现内心信念与外部追求之间的和谐。

将宗教融入日常生活成为一种变革性的努力，使个人能够在服务他人、践行利他主义和体现超越自我中心欲望的美德中找到满足感。当对意义的追求呈现出无私的色彩时，个人会发现一种深深的满足感源泉，这种源泉来自于为他人的幸福做出贡献，并培育一个更富有同情心和和谐的世界。

信仰、意义和成就感之间的关系也在心理健康领域中产生了共鸣。探索信心和主观幸福感之间联系的实证研究表明，对自己的信仰有深刻感觉和自豪感的人会体验到更大的生活满意度、更低的焦虑水平和更强的心理韧性。宗教和幸福之间的这种相互作用成为一个引人入胜的调查主题，突显了精神追求如何成为情感和心理幸福的蓄水池。

信仰可以改变你的处境.

我们现在将深入探讨信仰如何改变了许多著名人物的生活轨迹，以及他们如何在动荡的时代通过在生活中获得智慧来接受信仰：

希波的奥古斯丁（公元354-430年）：

　　奥古斯丁出生于今天的阿尔及利亚，是早期著名的基督教神学家和哲学家。早年，奥古斯丁过着享乐主义的生活，在追求目标的同时享受着许多快乐。在一次巨大的精神皈依之后，他改变了宗教信仰，并在基督徒中崭露头角。[1]

　　他追求启蒙的一个转折点是当他成为一名基督徒。除了知识之外，他还通过宗教寻求对真主的性格、他的存在和人类处境的更好理解。他的著作反映了他在辩论理论问题、人类愿望的复杂性和神圣真理的性质时对知识的探索。奥古斯丁的道路是一个例子，说明真正的智慧可以包括精神上的见解和智力上的努力。

1　1　1圣奥古斯丁（斯坦福哲学百科全书）。（2019年9月25日）．
https://plato.stanford.edu/entries/augustine/

马尔科姆·X（1925-1965）：

　　马尔科姆·X是美国民权运动的象征性人物，也是伊斯兰国家的领军人物，1925年5月19日出生于内布拉斯加州奥马哈，原名马尔科姆·利特尔。马尔科姆早年生活在一个种族隔离严重的美国所特有的逆境和种族偏见中。白人至上主义的幽灵给他的童年蒙上了很长的阴影，他的家人经常成为白人至上主义团体威胁和暴力的目标，这深刻地塑造了他的世界观。

　　年轻时，马尔科姆与法律的冲突最终导致了他的监禁，这是一个关键的章节，极大地改变了他的生活轨迹。马尔科姆正是在狱中遇到了伊利亚·穆罕默德和非裔美国人政治和宗教运动"伊斯兰国家"提出的伊斯兰教教义。自力更生、黑人自豪感和信仰的变革力量的原则与马尔科姆产生了深刻的共鸣，导致他皈依并随后采用了马尔科姆·X这个名字，这意味着他拒绝了他认为是奴隶制残余的"小"姓。出狱后，马尔科姆·X放弃了轻罪生活，投身于黑人赋权事业。作为伊斯兰国家的部长和国家发言人，他倡导非裔美国人自给自足、种族自豪感和对白人压迫的坚定抵抗。他敏锐的演讲能力和对种族正义的不懈追求使他在反对种族不平等的斗争中成为一个有影响力的人物，对一些人来说，也是一个有争议的人物。

在对知识的不懈追求中，马尔科姆·X全身心地投入到深入的研究中，试图了解种族主义的历史根源和非裔美国人面临的系统性不公正。他通过旅行拓宽了自己的视野，包括前往麦加的变革性朝圣，这导致了他的观点发生了重大转变。遇到生活在统一中的所有种族的穆斯林，深刻地影响了他对种族和精神的理解。这段经历使他采用了逊尼派伊斯兰教和一个新名字El Hajj Malik El Shabazz，他开始不仅在美国国内，而且在全球倡导种族和谐和人权。

马尔科姆·X生命的后半段以哲学进化为标志，这种进化包含了更具包容性的民权观，超越了他之前信奉的分离主义意识形态。尽管他于1965年2月21日遇刺，但他的遗产仍然证明了变革的力量和为社会正义而进行的不懈斗争。他的生活和工作强调了这样一个观点，即真正的智慧不是静止的，而是一段持续的旅程，其标志是对正义的不懈追求、理解的扩展、对人类的真正同情，以及对个人和社区启蒙的不断追求。[2]

---

2 2 Biography.com Editors. (2023, September 12). Malcolm X. *Biography*. https://www.biography.com/activists/malcolm-x

昂山素季（1945年至今）：

昂山素季是缅甸和平抵抗和民主愿望的灯塔，1945年6月19日出生于一个深深植根于该国政治的家庭。

她的父亲昂山将军是缅甸从英国殖民统治下独立的受人尊敬的建筑师，而她的母亲昂山素季是一位杰出的公众人物。在她两岁时父亲遇刺后动荡的政治气候中长大的昂山素季敏锐地意识到缅甸历届军政权的政治动荡和镇压。她的成长岁月虽然受到国家冲突的影响，但也沉浸在渗透缅甸文化的佛教传统中。这些教导将深刻地影响她的激进主义方法。佛教的"仁爱"和"非暴力"概念成为她哲学的基石，指导着她的行动和民主运动。

昂山素季成为和平抗议的象征几乎是偶然的。她成年早期的大部分时间都在国外度过，1988年回到缅甸照顾生病的母亲时，正值反对军事独裁的大规模起义。她从政是出于强烈的责任感，而不是对权力的渴望。她发现自己被推到了民主运动的最前线，将她的道德愤怒引导到一个平静但充满激情的和平民主改革呼吁中。

她对佛教原则的坚持在她的举止和演讲中表现得很明显，强调非暴力抵抗和公民抗命是对抗压迫的有力工具。昂山素季的精神实践，特别是对冥想和自我反思的强调，为她提供了内心力量，让她能够忍受政治斗争带来的个人牺牲，包括长达15年的长期软禁。

她对非暴力的坚定承诺和对政治变革的道德追求获得了国际认可，最终于1991年获得诺贝尔和平奖。诺贝尔委员会承认了她为民主和人权而进行的非暴力斗争，她成为了全球反抗暴政的象征。

尽管昂山素季长期与世隔绝，与家人分离，但她的决心并没有动摇。她的政治生活证明了她的信念，即持久的智慧和真正的领导力需要政治洞察力、道德清晰度和对他人苦难的深切同情的融合。她一贯强调，对智慧的追求不是一种单独的智力追求，而是一种建立在对共同人类和共同利益的基本理解基础上的公正和公平社会的集体旅程。

昂山素季的旅程强调，智慧的本质不仅在于追求个人启蒙，还在于不懈地倡导他人的尊严和权利，在困扰她和她的国家民主之旅的许多挑战中，她优雅而坚韧地走上了这条道路。[3]

---

3 3 Pletcher, K. (2023, October 15). Aung San Suu Kyi | Biography, Nobel Prize, & Facts. Encyclopedia Britannica. https://www.britannica.com/biography/Aung-San-Suu-Kyi

Marian Croak（1955年至今）

  Marian Croak是技术和电信领域创新和成就的灯塔。作为一名出生于1955年的非裔美国女性，她一直表现出坚定的信念，致力于开拓自己领域的前沿。作为一名美国工程师，克罗克做出了开创性的贡献，完全塑造了世界的沟通方式。

  尽管在成长期，女性在工程领域的机会有限，但克罗克从未让社会规范定义她的潜力。在对技术的浓厚兴趣和敏锐的目标感的推动下，她继续深造，获得了南加州大学社会心理学和定量分析博士学位。Croak杰出的职业生涯以一系列突破性的创新为标志，最引人注目的是在互联网协议语音（VoIP）技术领域。这不仅是一项技术突破，也是世界连接方式的重大转变。她的远见和技术敏锐性在VoIP的普及和可访问性方面发挥了关键作用。在她的众多成就中，有一项突出的成就是其重大的社会影响：为VoIP开发紧急911服务。这一创新体现了Croak对公共福利的远见和奉献精神。认识到向数字通信的转变，她确保在紧急情况下，通信方法不会成为获得重要援助的障碍。

  作为所在行业为数不多的非裔美国女性之一，克罗克也成为了反对种族和性别偏见的胜利象征。她的旅程证明了通过坚韧、远见和挑战现状的勇气可以取得什么成就。在她的整个职业生涯中，Marian Croak获得了无数荣誉，这既是对她的贡献的认可，也是对那些渴望在科技界有所作为的人的激励。

她的遗产不仅仅是她的创新，还有她为子孙后代铺平的道路，以及她继续为那些致力于在各自领域突破界限的人提供的灵感。Marian Croak是电信界真正的杰出人物，他的故事将在未来几十年引起共鸣和启发。基于这些例子，出现了一种截然不同的模式。这些鼓舞人心的人，在艰难的时期，发展了他们对智慧的理解和追求，涵盖了学术、道德和超凡脱俗的方面。它们提醒我们，智慧是一种综合知识、价值观和在各种生活环境中寻找真理的整体努力。他们的变革经历表明，信仰和智慧，就像哲学和智慧一样，是彼此的朋友。

信仰可以让你忠于自己的价值观：

信仰，通常被称为对看不见的事物的坚定信念，拥有一种天生的力量，可以将个人锚定在自己的价值观上，在生命的汪洋大海中充当一个不可移动的指南针。就像灯塔引导船只穿过黑暗一样，信仰照亮了通往原则的道路，使人们能够保持道德操守和追求美德。

这可以通过看到人类历史上许多偶像所经历的斗争而内化。但他们如何克服这些看似不可能解决的问题是个问题。他们有信仰。从希波的奥古斯丁到昂山素季，都有几个例子。

复杂的个人，经历复杂的问题，但通过这一切发现了信仰的力量，并推翻了对他们有利的潮流。

从本质上讲，信仰促进了个人与其核心价值观之间的联系。通过信任更高的目标或神圣的力量，人们有权在外部压力下忠于自己的信仰。这种坚定不移的承诺源于这样一种信念，即他们的价值观不仅仅是个人的构建，而是植根于更伟大和永恒的东西。这种自信是一个坚实的基础，使个人能够应对生活中的无数挑战和诱惑。信仰赋予个人韧性，灌输在不损害其价值观的情况下抵御逆境的勇气。当面临与他们的信仰相矛盾的道德困境或社会规范时，信仰是道德的支柱。它赋予了抵制顺从人群的力量，让个人在道德模糊的面前屹立不倒。

他们的信念深深植根于他们的信仰，这一点鼓励他们坚持下去，即使道路变得艰难。此外，信仰会产生一种责任感，提醒个人，他们的行为不仅是以社会标准来衡量的，也是以更高的精神原则来衡量的。

这种责任感创造了一种自我意识，鼓励个人不断反思自己的选择和行动。通过将自己的行为与信仰驱动的价值观相一致，人们培养出一种超越一时满足的内心平静和满足感。

信仰的积极一面也体现在它培养同情心和同理心的能力上。对共同人性和共同精神纽带的认可鼓励个人以善良和尊重的态度对待他人，而不考虑差异。这种源于信仰的相互联系感，激发了为他人和更大社区的生活做出积极贡献的愿望。信仰是一座指路明灯，指引个人走过人生的迷宫，使他们能够坚定自己的价值观。它将信念、韧性、责任感和同情心融入人类生存结构的能力证明了它的积极影响。就像一首永恒的交响乐，信仰将一个人内心的道德指南针与生活的旋律协调一致，从而带来一段充满正直、目标和对定义它们的价值观的持久承诺的良性旅程。

第五章：金融安全

金融智慧是任何有幸在当今时代驾驭时间的人的核心租户，它与早期关于智慧和哲学的章节有关。我们先来阐述一下金融的个体意义。财政可以定义为国家、组织或个人的货币资源和事务。金融一词起源于古老的法语词根。最初的意思是"偿还债务、赔偿或赎金"；后来，"税收，收入。"当前的感官可以追溯到18世纪，反映了法语感官的发展。

我们将讨论什么是金融，以及它是如何与智慧如此紧密地联系在一起的。从这个话题开始，我们必须首先建立一个对什么是财务的基线理解。

金融智慧

金融是一个至关重要的概念，包括资金和资源的管理，这对个人和组织都至关重要。它涉及预算、投资、储蓄、借贷和未来规划等各个方面。虽然金融主要与货币事务有关，但它与智慧的联系在于负责任和知情的决策。这是实现财务成功和安全所必需的。正如我们已经详细讨论过的智慧一样，我们将简单回顾一下它需要什么，以确保在我们探索两者如何交织在一起时不会出现差异。正如你所意识到的，智慧的核心是运用知识、经验和洞察力做出明智判断和取得积极成果的能力。在金融领域，智慧超越了单纯的金融知识。它涉及到理解财务决策的更广泛影响，认识风险，并考虑长期后果。

金融智慧的一个方面是制定金融目标和优先事项的能力。明智地分配资源以满足短期需求和长期愿望需要仔细考虑个人情况、市场条件和未来的不确定性。注意需求与欲望，避免冲动消费，就是智慧如何影响财务决策的一个例子。永远记住，在财务环境中做出什么决定时要非常谨慎，并始终以过去的经验为指导，提前规划出一条道路。

另一个关键方面是投资。明智的投资决策包括进行彻底的研究，了解市场，评估风险承受能力，并将投资与个人或组织目标相一致。明智的投资者会采取平衡的方法，使投资组合多样化，以降低风险并优化回报。智慧总是意味着个人会采取正确的步骤，在之前的经验基础上再接再厉，并总是提前做他们应得的研究。

此外，金融智慧包括负责任地管理债务。承担债务可以是实现某些目标的战略举措，例如资助教育或扩大业务。智慧决定了可以合理偿还的借款，并避免可能导致财务困境的高息债务。在没有进行重大风险评估的情况下承担债务可能对个人不利，因为他们将陷入一个高利率、不断上升的周期。

智慧在财务规划和退休准备方面也发挥着重要作用。了解通货膨胀、不断变化的经济条件和生活方式期望的潜在影响，有助于个人在储蓄、投资和退休基金方面做出明智的选择。谨慎的财务规划确保了舒适的退休生活，并防止出现意外情况。

除了个人的财务决策，智慧还延伸到企业和政府领域。对于企业来说，明智的财务管理包括优化现金流、做出合理的投资决策以及确保长期增长的可持续性。政府也必须做出明智的财政选择，以平衡预算，有效分配资源，支持经济稳定。

明智的财务决策考虑道德和社会责任。可持续金融的概念日益突出，强调了促进环境、社会和治理（ESG）原则的投资的必要性。道德投资、支持负责任的企业以及考虑金融行为的更广泛影响都是金融智慧的例子。

教育和持续学习在培养金融智慧方面发挥着关键作用。从小鼓励金融知识使个人具备在一生中做出明智金融决策的知识和技能。在金融教育中强调批判性思维、解决问题和道德考虑的重要性，有助于更明智地进行资金管理。

金融和智慧通过将知识、经验和洞察力应用于金融事务而内在地联系在一起。做出合理的财务决策需要深思熟虑和负责任的方法，考虑长期后果、道德考虑以及对个人、组织和社会的更广泛影响。

在某些方面，通过培养金融知识、促进可持续实践和培养持续学习的文化，我们可以增强金融智慧，为更安全、更繁荣的未来做出贡献。

金融安全讨论

可以肯定地说，创造金融安全是一项明智而重要的追求，它为个人和家庭提供了许多好处和安心。财务安全是指拥有稳定和可持续的财务基础的状态，它可以防止不可预见的情况，并允许舒适和充实的生活。在本节中，我们将探讨为什么优先考虑并实现财务安全是明智的。

金融安全在紧急情况和意外事件中提供了一个安全网。生活充满了不确定性，如医疗紧急情况、失业或自然灾害。有了储蓄和财政储备，个人可以在不面临严重经济困难的情况下度过这些风暴。它使他们能够满足眼前的需求，避免诉诸高息债务或以不利条件出售资产。此外，金融安全可以培养稳定感，减轻压力。经济上的担忧可能是焦虑和心理健康压力的重要来源。知道自己有足够的资源来支付基本开支、管理债务和规划未来，会给人一种信心和安心。这种稳定性使个人能够专注于生活的其他方面，如个人成长、人际关系和整体幸福感。

在很多方面，财务保障为个人和职业成长开辟了机会。坚实的财务基础使个人能够投资于教育、培训或创业。它提供了探索新的职业道路或承担经过深思熟虑的风险的自由，这些风险可以带来更大的财务繁荣和成就感。财务安全使人们能够在不受财务限制的情况下追求自己的激情并实现目标。

此外，财务安全可以更好地规划和准备人生里程碑。无论是买房、资助教育还是为退休储蓄，拥有经济保障都能确保个人能够自信而轻松地应对这些重大生活事件。正确的计划和远见会带来更好的结果，减轻压力，并为实现这些里程碑带来更愉快的旅程。

金融安全有助于长期财富积累。当个人专注于建立财务安全时，他们往往会养成谨慎的习惯，如定期储蓄、明智地制定预算和战略性投资。这些习惯，再加上复利的力量，可以随着时间的推移导致大量财富积累，为子孙后代提供舒适的退休生活或留下经济遗产。

财务安全也能加强人际关系，培养责任感。经济上有保障的夫妇和家庭不太可能经历与金钱问题有关的冲突。关于财务的公开沟通、共同的财务目标以及在实现这些目标时的相互支持加强了联系，创造了一个更加和谐的家庭环境。金融安全不仅仅是积累财富，也是保护已经建立的东西。保险和房地产规划是金融安全的重要组成部分。拥有适当的保险范围可以防范不可预见的风险，而遗产规划可以确保资产根据自己的意愿进行转移，最大限度地减少潜在的纠纷和法律复杂性。

最后，经济保障使个人能够回馈社会并为社区做出贡献。在财务稳定的情况下，个人可以参与慈善捐赠，支持他们关心的事业，并对社会产生积极影响。这种帮助他人的能力不仅有利于那些需要帮助的人，也给那些给予帮助的人带来了满足感和目标感。

建立金融安全是一个明智的决定，具有深远的好处。它在紧急情况下提供了一个安全网，减轻了压力，增强了稳定性和信心。财务安全使个人能够抓住机会，规划人生里程碑，积累长期财富。它加强了人际关系，鼓励负责任的理财习惯。

此外，金融安全使个人能够回馈社会，并对其社区产生积极影响。通过优先考虑财务安全并做出明智和谨慎的财务决策，个人可以过上更有成就感和意义的生活。

尽早做出财务决策

通常，这可以被视为一种趋势，成功人士通常源于他们生活中早期财务智慧的实践。在人生早期做出明智的财务决策至关重要，因为有几个令人信服的原因会影响个人的财务状况和未来前景。让我们深入研究一下金融智慧是什么。

时间是财务决策领域的有力催化剂，早期行动往往会在多年内产生复合效益。在人生早期开始储蓄和投资之旅会获得复利的回报，在复利中，收入会产生更多的收入，从而导致财富积累的指数级增长。

从小培养良好的理财习惯的重要性怎么强调都不为过。尽早学会负责任地进行预算、储蓄和投资，为终身谨慎的理财奠定了基础。这些技能使个人能够自信而睿智地驾驭复杂的个人理财。

在青年时期采取审慎的债务管理做法至关重要。熟练处理学生贷款、信用卡和其他形式的借款可以防止高息债务的积累，确保长期的财务稳定。这种负责任的方法也为积极的信贷历史铺平了道路，有助于在需要时获得信贷资源。

追求长期财务目标需要承诺和战略规划。开始让个人能够利用延长的时间范围，实现住房所有权、退休和教育资金等目标的持续进展。这些早期的基础工作确保了朝着这些里程碑的方向稳步前进。

从一开始就建立一个强大的财务基础，在不可预见的情况下提供了一个至关重要的安全网。这在失业或医疗紧急情况下尤其重要，在这些情况下，经济保障有助于个人在不影响整体进步的情况下应对挑战。

早期的理财智慧不仅培育了个人的财务成长，还使个人能够探索创业和投资。如果个人对财务有着扎实的了解，他们更倾向于承担经过深思熟虑的风险，追求商业机会，并投资于能够随着时间的推移扩大财富的资产。

最大限度地减少代价高昂的财务错误是早期财务教育的另一个宝贵成果。在人生早期做出明智的决定可以防止沉重的债务或风险投资选择，确保财务轨迹更加平稳。虽然从错误中吸取教训是至关重要的，但避免重大失误的远见会对长期财务成功产生重大影响。此外，早期的财务审慎可以缓解压力，这是财务不确定性的常见副产品。通过做出合理的决策，个人可以减少经济上的担忧，并为个人成长、职业发展和整体幸福释放心理资源。

早期金融智慧的影响超出了个人利益。它可以为世代财富积累奠定基础。传承金融知识和资源会带来繁荣，对家庭成员和子孙后代产生积极影响。

晚年的财务决策:

财务决策的时机对个人的财务轨迹有重大影响，影响结果并塑造其财务状况。推迟这些决定可能会带来一系列复杂性和挑战，这些复杂性和挑战会影响到一个人的财务状况的各个方面。在这项探索中，我们阐明了拖延财务决策的危险所编织的复杂织锦，强调了时间在塑造财务命运中的总体影响。

延期财务决策的最大风险是可用于储蓄和投资的时间缩短。推迟财政承诺的行为截断了人们可以积累和部署财政资源的窗口。这种时间上的压缩削弱了关键长期目标（如退休）的资金积累。随着时间的流逝，在黄金岁月保持舒适生活方式的潜力减弱，为人生黄昏时潜在的财务脆弱性铺平了道路。加剧这种危险的是退休储蓄的侵蚀——推迟财务规划的一个发人深省的后果。复利现象是财富倍增的基石，它在广阔的时间画布上蓬勃发展。富有远见地启动财务决策可以利用这一指数级增长，促进强大的退休群体的积累。相反，推迟做出这些决定会缩短复利发挥变革作用的跑道，最终导致退休基金缩水，并在日落之年面临潜在的困难。

财务决策的时间层面也会影响到专业领域。推迟的财务规划可能会减少职业发展或转型的机会，从而对收入潜力产生连锁影响。这种情况的正面揭示了一个充满潜力的领域——及时的财务决策赋予了把握职业前景、调整轨迹和利用财务安全势头追求新视野的自由。

有效的保险范围取决于及时的决策。延迟获得保险，无论是人寿保险还是长期护理保险，都会使个人面临保护不足和保费上涨的双重风险。时间的推移产生了与年龄相关的因素，这些因素提高了保险成本，可能会给个人带来次优的保险范围或紧张的财务支出。反过来，这可能会转化为对不可预见的医疗费用的脆弱性，加剧财务决策中对精明时机的需求。拖延的一个令人遗憾的结果是债务负担的增加。时间的无情流逝会放大高息债务的重量，可能使个人陷入财务紧张的循环。财务决策的推迟可能导致无法在退休阶段清偿债务，从而给财务独立和追求充实的退休后生活蒙上阴影。

财务压力的加剧是迟来的财务决策的自然结果。资源有限和复苏途径日益减少的结合可能会造成持续焦虑的环境。财务压力是一个强大的对手，它可能会对身心健康产生有害影响，这凸显了及时进行财务规划作为整体健康慰藉的紧迫性。

房地产规划领域是另一个时间维度至关重要的领域。遗产规划举措的拖延限制了可用于战略分配资产的选择范围，其潜在影响包括财富的保护、税收优化以及遗产向继承人的无缝过渡。

在更广泛的社会背景下，财务决策延迟的后果可以通过慈善和慈善事业引起共鸣。

对这一问题作出实质性贡献的能力取决于早期培养战略性分配资源的财务决策。这种分配的延迟可能会削弱积极变革的催化剂能力，从而减少产生持久影响的可能性。缺乏准备可能会给不可预见的紧急情况蒙上阴影。推迟设立应急基金会使个人容易受到突发事件的影响，如医疗紧急情况、房屋维修或突然失业。缺乏金融缓冲可能会迫使人们依赖高息债务工具，使金融脆弱性的循环长期存在。财务决策的延迟可能会限制生活方式调整的时间范围。一个人的生活方式与总体财务目标的最佳匹配需要逐步重新调整，这最好通过早期和战略性的财务规划来促进。在这方面的推迟可能会迫使突然的、可能不受欢迎的变化，从而可能降低整体生活质量。

采用财务思维

通过战略投资在人生早期创造金融稳定需要一种深思熟虑的方法，平衡风险和潜在回报。投资的艺术是一段需要谨慎、耐心和对市场动态的深刻理解的旅程。在这一领域，有几个战略是帮助实现金融稳定这一备受追捧的目标的支柱。

稳健投资策略的基础在于"时间就是金钱"这句格言。尽早开始投资之旅就像播下金融繁荣的种子。

通过尽早开始投资，你打开了一个被称为复利的强大现象的大门。这种金融炼金术需要对你的收入进行再投资，让它们随着时间的推移产生额外的收入。这种复合效应类似于滚雪球般的下坡路，会导致你的投资呈指数级增长。始终如一地为您的投资做出贡献，进一步巩固了这一增长轨迹。养成定期捐款的习惯会启动一个良性循环，稳步增强你的财务稳定性。不要把所有鸡蛋放在一个篮子里的原则在投资领域引起了共鸣。多元化是风险管理的基石，需要将投资分散到不同的资产类别。股票、债券、房地产和现金是你投资版图的不同角落。

多元化是抵御市场波动的堡垒。它通过利用多项投资的集体力量，减轻了单一资产表现不佳的影响。这种策略可以缓冲您的投资组合免受波动的冲击，并使您能够经受住金融市场的起伏。

投资工具的前景提供了无数选择，其中最耀眼的是低成本指数基金和交易所交易基金（ETFs）。

这些金融工具反映了特定市场指数的表现，为投资者提供了更广阔市场的一部分。使它们与众不同的是它们的成本效益。与这些被动投资工具相关的费用通常低于主动管理基金的费用。

这一因素意味着你更多的血汗钱被引导到投资的增长中，而不是基金管理费中。指数基金和ETF迎合了长期投资者的需求，提供了稳定的增长轨迹。在通过投资实现金融稳定的交响乐中，指挥的指挥棒由你精明的决策来指挥。及早开始、始终如一地做出贡献、多样化投资组合和采用低成本投资工具的和谐结合，谱写了一首金融安全的旋律。

当你驾驭投资格局的复杂节奏时，请记住，每种策略都为交响乐贡献了一个独特的音符——这个音符与追求稳定繁荣的金融未来产生了共鸣。投资机会的画布等待着你的笔触，正是通过仔细的笔触，你描绘了你的财务稳定。

考虑雇主赞助的退休账户：

利用雇主赞助的退休账户，如401（k）或403（b）计划。401（k）计划是营利性公司提供的计划。但只有当员工被认为是通过工资扣除方式缴纳税前或税后资金的员工时，才有资格享受上述计划。403（b）向非营利组织和政府实体的雇员提供计划。缴纳足够的钱，有资格获得任何雇主匹配的供款，因为这基本上为你的退休储蓄提供了"免费资金"。

开立Roth IRA:

Roth IRA是一个个人退休账户，在退休时提供免税增长和免税提款。Roth IRA规则规定，只要你拥有自己的账户五年，并且年龄在59岁半或以上，你就可以随时提取你的钱，而且你不会欠任何联邦税。如果符合条件，考虑开立Roth IRA。Roth IRA的供款是用税后美元支付的，但退休时的提款是免税的。如果你预计未来的税率会更高，这可能是有益的。

保持知情和受教育：

随时了解金融市场、投资选择和经济趋势。对自己进行各种投资策略和风险管理技术的教育，以做出明智的决策。

记住，对某件事了解太多从来都不是坏事，尤其是当你正在投资你辛苦赚来的钱时。

避免情绪化投资：

基于恐惧或贪婪等情绪进行投资会导致冲动的决定，这可能会损害你的财务稳定性。坚持你的长期投资计划，避免对短期市场波动做出下意识的反应。

考虑美元成本平均：

美元成本平均包括定期投资固定金额，而不考虑市场条件。这一策略有助于减少市场波动的影响，并允许您在价格较低时购买更多股票，在价格较高时购买更少股票。

建立应急基金：

一些人战略性地建立了一个应急基金，提供三到六个月的生活费。该基金在意外事件中充当安全网，确保您在紧急情况下不需要动用投资。

审查和重新平衡：

定期审查您的投资组合，以确保其与您的财务目标和风险承受能力保持一致。如有必要，重新平衡您的投资组合，以保持所需的资产配置。

请记住，在人生早期创造财务稳定是一段长期的旅程；耐心和纪律是关键美德。根据您的财务状况、风险承受能力和目标量身定制您的投资策略至关重要。寻求专业的财务建议也很有价值，尤其是在开始投资之旅时。

财富积累：

财富积累是追求财务安全、创造机会和提升整体幸福感的关键努力。财富的积累概括了一个多方面的旅程，与各种动机和结果产生了共鸣。这篇文章深入探讨了财富积累意义的显著原因，揭示了使其成为个人和社会繁荣基石的复杂方面。这一当务之急的核心是金融安全的概念。财富的积累为个人和家庭提供了一个强大的安全网，可以缓冲经济波动和意外逆境的影响。拥有积累的财富使个人能够应对意想不到的挑战，如医疗紧急情况或经济衰退，而不会屈服于高息债务的束缚或损害其金融稳定的基石。

退休计划在财富积累的大织锦中发挥着至关重要的作用。随着个人接近退休的关键时刻，积累的财富成为进入舒适和经济安全的就业后阶段的渠道。它转化为在黄金岁月里维持自己想要的生活方式、参与丰富的追求并创造一个充实的故事的能力——这是谨慎财富积累的具体表现，为富裕和有尊严的退休铺平了道路。

财富积累是通往教育和技能发展的门户，也是释放潜力和利用机会的通行证。财政资源的积累使个人能够投资于智力成长、获得优质教育和不断磨练技能。这种全面的培养为更好的职业前景和更大的收入潜力孕育了土壤，最终为职业优势和财务赋权绘制了轨迹。

在财富积累的大织锦中，商业冒险和投资的脉络错综复杂地交织在一起。积累财富的蓄水池使有进取心的个人能够冒险进入计算风险的领域，规划创业道路，并增加其商业事业的财富。财富和商业之间的这种共生关系产生了扩大创收的潜力，从而使繁荣循环永久化。

财富积累的深远影响延伸到经济流动的结构。它是一个强大的工具，可以打破代际贫困的束缚，为社会经济向上流动铺平道路。通过打破这些链条，财富积累赋予个人为子孙后代提供更好生活质量的能力，从而为社会的整体改善做出贡献。

财富积累和回馈的崇高原则之间产生了共鸣。资源的积累使个人有能力向那些需要帮助的人伸出援手，培养提升社区的慈善事业。慈善事业的渠道由积累的财富加强，在教育、医疗保健和社会倡议等部门产生了积极影响，促进了社会丰富的集体织锦。

世代财富作为遗产的灯塔占据了应有的位置。积累的财富，经过深思熟虑的酝酿和转移，产生了跨越几代人的连锁反应。这一持久的遗产为子孙后代提供了更多的机会，加强了财务安全，并为他们的愿望提供了一个充满希望的跳板。财富积累在财务独立的顶峰达到顶峰——在这种状态下，选择是由愿望决定的，而不是由财务紧急情况限制的。这种被赋予的自主性产生了充满目标和成就感的生活，这证明了战略财富管理的持久回报。财富积累本身就减少了压力和焦虑，赋予个人一种平静感。积累财富的蓄水池起到了抵御生活波动的缓冲作用，将精神包裹在安全和平静的茧中。

在人类生存的广阔全景中，财富的积累丰富了生活经验的画面。它展现了一幅提升生活质量的织锦，赋予个人特权，让他们能够沉迷于与快乐和满足感产生共鸣的活动中。它集中体现了愿望的具体化和梦想向有形现实的转变。

然而，必须强调的是，财富积累之旅应该以道德考虑和责任感为指导，以指南针为出发点。追求财富应该超越单纯的积累，将价值观、目标和对社会和环境需求的敏锐认识交织在一起。因此，财富积累的艺术超越了单一的叙事，编织了一部既是个人的又是集体的编年史—这是一首与自身和更广泛的人类繁荣产生共鸣的交响乐。

储蓄与投资：

储蓄和投资是两种目的不同的金融策略：风险简介和潜在回报。以下是储蓄和投资之间的彻底比较：财富积累是实现金融安全、提供晋升途径和扩大整体福祉的复杂织锦中的关键。财富积累的编排是一门艺术，需要细致的战略制定、对市场动态的敏锐把握以及对其所包含的多维方面的欣赏。在这篇文章中，我们揭示了强调财富积累重要性的多方面原因，深入探讨了其在个人和社会领域产生的多重影响。

讨论的核心是财富积累所提供的金融安全的堡垒。财政资源的积累建立了一个强大的安全网，准备保护个人和家庭免受经济不确定性和不可预见的逆境的侵袭。积累财富的缓冲使我们能够熟练地管理紧急情况、医疗紧急情况和不可预见的财务突发事件，而不会引发对高息债务的追索或扰乱财政稳定的基础。

　　财富积累大厦中的一个象征性基石是精心编排的退休计划。随着个人离退休的门槛越来越近，积累财富的马赛克扮演着受人尊敬的监护人的角色，确保了以富裕和财务状况为标志的退休生活。一个精心培育的资产和储蓄库展现了延续理想生活方式的奢侈，从事丰富的追求，并带着经济满足感沐浴在人生的黄昏中——这是明智的财富积累的体现，为一个值得珍惜和有尊严的退休生活奠定了基础。财富积累进一步成为超越智力和职业的门户，促进了对教育和技能丰富的追求。经济手段的储备使个人有权投资于他们的智力成长，包括追求优质教育和不断磨练技能。这种战略培养鼓励了一个人走向卓越职业前景的轨迹，并为职业成就开辟了一条上升之路，最终必然会增加收入潜力和增强财务赋权感。

　　深入探讨这一叙事，积累的财富和进取精神之间的协同作用凸显出来。拥有积累的财富有助于推动创业努力，驾驭经过计算的风险，推动业务扩张。这首财富与企业的交响乐编排了一个和谐的高潮，产生了提高收入的潜力，不仅不断扩大个人繁荣，而且推动经济潜力向前发展。

　　除了个人进步的轮廓之外，财富积累是影响社会经济流动的有力催化剂。这种变革力量颠覆了代际贫困的循环，转变为一种提高意识的工具，引导个人走向更高的社会经济阶梯。

　　通过消除金融约束的束缚，财富积累带来了一连串的机会，从而促进了社会福祉的全面提高。财富积累的叙事进一步将其触角伸向慈善事业的无私领域。随着积累的财富激增，慈善的途径也在扩大，允许个人留下以慷慨和社会提升为标志的遗产。慈善事业与积累的财富交织在一起，催生了一个转型的良性循环，通过支持教育、医疗保健和社会倡议来引导社会进步—这证明了明智的财富积累的总体影响。

积累财富的传奇故事引起了几代人的共鸣，成为了遗产的火炬手。明智的管理和财富的代际转移为子孙后代提供了丰富的遗产，带来了更大的前景，加强了金融安全，并为他们的愿望提供了一块赋权的垫脚石。

财富积累在财务独立的顶峰达到顶峰——在这个时代，生活的决定是由愿望引导的，而不是由财政紧急情况约束的。这种赋权自主的体现编织了一种充满目标的生活叙事，通过个人倾向和狂热追求所驱动的穿越道路的能力来丰富这种生活。

财富积累的一个明显标志是它对心理健康的有益影响——减少压力和焦虑。积累财富的蓄水池让人感到欣慰，因为它知道安全网的存在，随时可以缓解预期和不可预见的财务义务的压力，从而创造和谐的平衡。

随着这一话语的帷幕落下，财富积累的共鸣在生活经历的织锦中回荡。它用一个增强的棱镜来装饰存在，通过它来分享生活的乐趣，穿越未知的领域，并吸收点燃成就之火的经验。财富积累的交响乐需要一个道德序曲——一个以价值观为指导、以社会和环境意识为导向的指南针。积累财富的旅程不是一场孤立的积累财富的冒险之旅，而是一首交织着价值观、目标和对共同需求的意识的交响乐。因此，财富积累的艺术表现为一种共生的参与——个人繁荣和社会整体改善之间的伙伴关系，为所有人描绘了可持续富裕的全景。

探索金融的好处

财务智慧提供了许多好处，对短期和长期财务决策产生了积极影响。让我们对金融智慧的好处和影响进行彻底调查：

金融智慧是动荡的财政选择海洋中不可或缺的指南针，它赋予个人在错综复杂的个人金融迷宫中导航的智慧。这种能力植根于知识和判断的明智融合，引导个人做出非常谨慎的决定。金融智慧的广度涵盖了各个维度的全景，每一个维度都有助于形成一首利益交响曲，这首交响曲与金融稳定、增长和平静的原则相呼应。金融智慧的核心在于辨别合理金融决策的艺术。这种认知能力需要对各种因素进行细致的评估，对固有风险进行熟练的分析，并对每一种财务选择所产生的深远影响进行全面评估。这是远见和谨慎的结合，是对抗冲动财务选择反复无常的先锋。

金融智慧的一个核心方面是掌握改进的资金管理。这门艺术围绕着预算的巧妙编排、需求和欲望之间的明智区分以及对冲动支出的巧妙避免展开。这种货币操纵的洞察力不仅确保了更好的财政控制，而且赋予了一种不可磨灭的敏锐性，这种敏锐性是终身财政效率的基础。

与金融智慧交织在一起的是减少和避免债务的美德。这一哲学的拥护者习惯于明智地管理债务的艺术，精心设计系统还款的策略。这场传奇故事以一场战略舞蹈的形式展开，利息支付的负担在这里消散，信用评分在与财政纪律和谐共振的情况下上升。

在增加储蓄和投资的领域，金融智慧的逐渐增强。这片广阔的土地上装饰着定期储蓄和精明投资的瑰宝，最终形成了一座强大的金融安全堡垒。金融智慧的实践者们听从了为紧急情况留出资金、设想退休和促进未来愿望萌芽的号角。

　　金融智慧的基石在于审慎培养防范金融紧急情况的能力。通过培养应急基金和有条不紊地应对财政紧急情况，个人被赋予了抵御意外事件的能力，避免了财务崩溃的可怕困境。支撑金融智慧叙事的是长期金融安全的交响乐。这首交响曲是关于退休计划、明智的保险覆盖和战略投资的明智决策的编排。这些管弦乐运动协调一致，形成了金融稳定的增强，巩固了一个人金融未来的大厦。

　　在金融智慧的沃土中，财富积累的种子茁壮成长。这一局面见证了谨慎投资的蓬勃发展，对复合指数增长潜力的拥抱，以及对市场机会的精明利用。高潮是财富随着时间的推移而放大，反映了个人财务敏锐性的增长。

　　金融智慧的和谐源泉在于减少金融压力和培养平静。对个人财务动态的敏锐理解，再加上稳健的财务计划，会给人一种安心的礼物，让人免受货币动荡的痛苦。

　　在金融智慧的怀抱中，自由和灵活性的翅膀展开了。没有过度债务的负担，也没有管理良好的财务支持，个人可以摆脱束缚，在符合自己愿望的生活走廊上穿行，不受财务约束。金融智慧的触角伸向了回报的圣地。这一维度使个人能够将其积累的资源导向高尚的慈善事业，为积极影响社会和推动社区福祉的改善提供渠道。金融智慧的共鸣在人际关系中回荡，编织着和谐与理解的纽带。参与金融智慧和关于货币问题的透明对话的合作伙伴绘制了一条充满更少金融冲突和强化债券的轨迹。

　　归根结底，金融智慧的顶峰是赋权和信心的诞生。这一本质赋予了一种不可动摇的信念，即一个人有能力克服财务挑战，驾驭错综复杂的财政决策，并展现出与个人愿望相一致的成就。

寻找财务成功之路:

踏上财务成功之路，就好比扬帆起航。它需要巧妙的导航、敏锐的决策和精心制定的路线图。无论你只是涉足财务管理的世界，还是寻求提高你目前的财务状况，以下一系列见解都有助于照亮你的道路，推动你走向繁荣。把你的财务目标想象成等待探索的遥远土地。设定这些目标就像在财务地图上绘制坐标一样。

它可以是克服债务，确保舒适的退休生活，提供高等教育，甚至拥有一套房子。这些路标提供了方向和动力，在你驾驭复杂的财务管理时为你提供指导。把你的财务想象成一个谜，以预算为蓝图。这份蓝图不仅统计了你的收入和支出，还阐明了你财务状况的复杂相互作用。把它想象成一张藏宝图，揭示隐藏的宝藏和优化财务过程的秘密途径。

正如勤奋的松鼠储存橡子过冬一样，定期储蓄是财务成功的基础。把它想象成一种习惯，就像打理花园一样。自动转账到专门的储蓄账户就像给花园浇水一样，在不需要持续关注的情况下培养你的财务未来。

把你的积蓄想象成抵御生活中意想不到的风暴的弹性盾牌。应急基金，类似于财务弹性的堡垒，保护你免受可能出现的意外风暴的影响。有了这个堡垒，你就可以在不诉诸高息债务的情况下应对任何意想不到的挑战。

债务可以像一条龙，为你的财务抱负喷火。通过优先考虑高息债务来驯服这头野兽就像穿上盔甲为战斗做准备。当你还清债务时，你会为财务自由开辟一条道路。

学习金钱就像学习一门新语言。把金融知识想象成一个通用的翻译器，让你理解复杂的金融方言。有了这个工具，你可以解读投资机会，解读复杂的术语，并自信地浏览复杂的个人理财网络。投资就像在一个神奇的花园里种下种子，随着时间的推移而生长。多样化是一种魔法，可以保护你的花园免受一次失误的影响，确保如果一株植物枯萎，其他植物也会茁壮成长。花园经过耐心的照料，经受住了风暴的考验，沐浴在阳光下，多年来收获颇丰。

市场波动就像季节的变化——不可避免，有时也不可预测。抵制基于情绪仓促做出决定的冲动就像经受住了突如其来的风暴。正如太阳最终从云层中升起一样，如果你坚持下去，你的投资可能会反弹。把购物想象成一场盛大的寻宝活动，折扣和优惠是你隐藏的宝石。讨价还价以获得更好的价格，就像在熙熙攘攘的市场上与狡猾的商人谈判一样。将优惠券、返现计划和折扣礼品卡添加到您的武器库中，就像发现了更大储蓄的秘密通道。

雇主福利就像一个库存充足的军械库，随时为你的财务之旅做好准备。退休计划、健康储蓄账户和灵活的支出账户是加强你的财务防御的工具，让你能够自信地面对未来的挑战。保险是抵御意外灾难的盾牌，确保你在没有雨伞的情况下不会陷入倾盆大雨。把它想象成一套盔甲，保护你的财务健康，保护你免受生活可能向你射出的意外之箭的伤害。

随着你收入的增长，把你的支出想象成一个需要小心照料的花园。与其让你的开支像未经检查的藤蔓一样疯狂，不如培养纪律和克制，让你分配更多的资源来培养你的财务梦想。把你的金融之旅想象成一场惊心动魄的冒险，沿途有检查站。定期的财务检查就像沙漠探险中在绿洲休息一样。这些进站可以让你重新评估你的进度，微调你的路线，并确保你仍在到达目的地的轨道上。

退休计划就像制作一幅由储蓄和远见交织而成的华丽挂毯。你越早开始编织，你的挂毯就变得越复杂和美丽。每一针都有助于打造杰作，在您的黄金岁月提供舒适和温暖。记住，获得财务上的成功不是短跑，而是马拉松。这就像把一棵娇嫩的树苗培育成一棵高大的橡树。你所做的每一个选择，所采取的每一步都有助于稳步增长，将你的金融格局转变为一片安全富足的绿色绿洲。

金融智慧的例子：

在我们挖掘金融智慧瑰宝的过程中，我们将目光投向了一群杰出的个人，他们的生活与谨慎的金融实践交织在一起。这些名人不仅照亮了金融成功的道路，还提供了与我们在金融领域不懈追求智慧产生共鸣的轶事见解。沃伦·巴菲特经常被誉为"奥马哈先知"，这证明了耐心和深思熟虑的投资的力量。他的旅程是价值驱动决策的交响乐，也是对基本面坚定的公司的承诺，在投资史上留下了不朽的遗产。奥普拉·温弗瑞，一位现代媒体和慈善界的巨人，已经将她的名字刻在了金融智慧的织锦上。通过精明的品牌和精明的商业冒险，她将自己的个人品牌转变为一个帝国，这是一个利用真实性实现财务成功的案例研究。

特斯拉（Tesla）、太空探索技术公司（SpaceX）和Neuralink背后的梦想家埃隆·马斯克（Elon Musk）以大胆的精神体现了金融智慧。他大胆的努力和计算的风险不仅重新定义了行业，还强调了创新和计算的冒险在追求卓越金融中的重要性。

Sheryl Sandberg是Facebook增长和盈利的驱动力，她通过战略远见和有效的领导体现了财务智慧。她在驾驭科技领域和开创可持续商业模式方面的作用突显了富有远见的领导力的重要作用。

乔治·索罗斯是投资和慈善事业的偶像，他通过对全球经济的理解编织了金融智慧。他辨别地缘政治趋势和做出大胆投资决策的能力标志着他将金融敏锐性与对世界事务的深刻理解联系起来的大师级水平。亚马逊迅速崛起的建筑师杰夫·贝佐斯通过专注于长期愿景和以客户为中心的创新，体现了金融智慧。他对未来适应性和投资的承诺是有抱负的企业家的指路明灯。

通用汽车公司（General Motors）的掌舵人玛丽·巴拉（Mary Barra）以敏锐的财务头脑应对汽车行业的复杂性。她的战略决策旨在重新定义公司的重点并提高盈利能力，反映了精心策划的领导力的重要性。马克·库班（Mark Cuban）是知情和自律投资的倡导者，他通过亲身实践的商业和投资方式展示了金融智慧。他多方面的冒险和对精心策划的风险的承诺突显了战略决策的艺术。

马云是阿里巴巴集团富有远见的联合创始人，在他从卑微的出身到全球知名度的历程中，他体现了金融智慧。他对创新和适应性的强调在不断发展的数字环境中产生了深刻的共鸣。

富达投资（Fidelity Investments）掌舵人阿比盖尔·约翰逊（Abigail Johnson）在金融服务领域的领导力体现了金融智慧。她的管理体现了以客户为中心的解决方案和持续增长的精髓。

这些名人就像指路明灯一样，为金融智慧如何开辟一条通往非凡成就的道路提供了启发性的例子。他们不仅仅是遥远基座上的人物；相反，它们为我们提供了实实在在的经验教训和可供效仿的脚印。穿越错综复杂的金融智慧之旅需要时间、耐心和坚定的奉献精神。

然而，当我们驾驭这幅错综复杂的织锦时，必须记住，智慧不能仓促或强迫。它是通过尝试、错误和深思熟虑的反省而出现的。编织在这段旅程中的每一个过程、每一个提示、每一件轶事都需要时间来展现和揭示其真正的潜力。

第六章：终身关系

当我们继续深入研究时间的含义时，我们发现智慧对一生关系的相互依赖性。在人类的宏伟计划中，这些联系与智慧有着强烈的联系，智慧的爪子深深地扎进了所有的个体。

对一生的关系进行抽象探究，我们发现它们在人类存在的编织中具有重要意义，体现了一种超越时间界限、深入我们情感和智力景观深处的联系。这些持久的纽带是通过共同的经验、相互理解和承诺建立起来的，是支撑我们个人身份和集体人性大厦的支柱。

当我们在迷宫般的生活走廊中穿行时，这些关系就像灯塔一样，引导我们度过存在的复杂性，在逆境中提供慰藉，并用欢乐的时刻丰富我们的灵魂。

终身关系的好处：

当我们开始理解一生关系的旅程时，重要的是要认识到它们在人类生存领域的意义。这些关系的独特之处在于，它们能够反映人性的二元性，即无常性和永恒性。在一个一切都是转瞬即逝的世界里，一生的关系提供了一种稳定和不变的感觉。它们充当了一个锚，使我们在不断变化的时间浪潮中扎根于现实。不幸的是，在一种以即时满足为驱动力的文化中，持续联系的价值往往被忽视。

在当代世界，一次性的互动和肤浅的联系已经成为常态。然而，终身关系提醒我们，真正的深度和成就感来自于投入时间和精力培养经得起时间考验的纽带。这些联系为我们提供了归属感、目标感和意义感，它们证明了我们在这个世界上并不孤单。

一生中巩固的关系纽带不仅可以抵御风暴，还可以在需要或慰藉的时候提供庇护。一段一生关系的轮廓上刻着共同的记忆，从年轻人的冒险经历到共同经受住生活风暴带来的经验丰富的智慧。

这些共同的叙事编织了一层复杂的帷幕，与每个参与者的成长、进化和自我发现之旅独特地交织在一起。在一个不断变化的世界里，这些关系成为一致性、忠诚度和情感投资力量的生动证明。

本章讨论的终身关系是自我发现和个人成长的关键。当我们穿越时间的风景时，我们不可避免地会面临我们自己情感、脆弱性和愿望的复杂网络。这些关系为我们提供了一扇大门，让我们直面自己的缺点，学习妥协的微妙艺术，培养同理心——这是一种真正理解和分享彼此喜悦和悲伤的美德。通过这些亲密的互动，我们看到了反映我们光辉和阴影的镜子，为我们提供了自我反思和变革的机会。

更广泛的社会影响也突显了终身关系的重要性。这些联系是社区建设的基石，培养了一种代代相传的归属感和连续性。

终身关系可以被视为多种形式。长辈传授给后代的智慧，代代相传的共同价值观，以及由持久关系引导的道德指南针，都有助于稳定社会的结构。

在一个变化以惊人的速度呈指数级加速的世界里，终身关系成为一种稳定的力量，将个人锚定在传统和连续的意义上。

终身关系代表了一幅情感、智力和社会意义的地图，将人类经验的不同线索编织成一个和谐的整体。这些纽带超越了时间的短暂性，在变革的混乱中成为永恒的避难所。但人们必须学会不要害怕这些共同的叙述、这种相互成长以及这些关系中蕴含的变革潜力所带来的依恋。它们强调了它们在塑造我们的个人身份和社会结构方面的重要性。在一个经常以短暂为特征的世界里，一生的关系证明了人类联系的力量——这是一个值得我们最深切尊敬和承诺的财富。这是一种个人一生都必须珍惜的财富。

导航终身连接:

培养终身关系的美丽和价值与人类历史本身一样永恒。我们的祖先理解投资于持久联系的力量和意义，这种智慧在各个时代都得到了回响，产生了深刻的共鸣，表达了我们共同的人性。

当我们反思存在的复杂性和丰富性时，我们会被提醒，生命中最珍贵的宝石往往存在于跨越一生的关系中。这些联系提供了一种超越时间存在的洞察力和智慧，揭示了只有通过时间的流逝才能达到的理解深度。

很明显，投资于经得起时间考验的关系，不仅体现了我们对意义和目标的追求，也体现了我们渴望对世界产生持久影响的内在愿望。在一个重视即时满足和立竿见影的社会里，培养终身关系的智慧是一种强有力的对比，提醒我们真正的价值在于对持久关系的耐心和坚定投资。建立终身关系需要技巧、耐心和努力。像熟练的工匠一样，我们将共同的经历、同理心和相互成长交织在这些关系的结构中，创造出一部经得起时间摧残的杰作。这一过程的美妙之处在于认识到，生命的丰富性并不存在于短暂的互动中，而是存在于反映人类永恒精神的联系中。建立终身关系是一个过程，包括播种，长成参天橡树。当我们投资于这些联系时，我们播下了信任、忠诚和理解的种子。随着时间的推移，这些种子发芽并茁壮成长，它们的根在我们集体经历的土壤深处交织在一起。然而，这些种子需要大量的培育和营养。如果我们希望培养能持续一生的关系，就不能忽视它们。

建立终身关系的智慧超越了播种的行为。这取决于在这些关系发展和成熟时培养和处理这些关系所需的耐心。从这个过程中产生的纽带证明了长寿之美，也证明了那些认识到生活中最真实的快乐来自于对持久的投资的人的智慧。

这些关系成为智慧的宝库，就像一本老掉牙的书，里面有成功和磨难的故事，为子孙后代提供了指导。包含在一生关系中的智慧并不局限于口头表达；它源于多年的共同欢笑、泪水和成长。通过这些联系，我们学会了妥协的舞蹈，宽恕的艺术，以及无条件的爱的高涨的深度。

培养终身关系所产生的智慧超越了个人的成就感。这些联系构成了建立社区的基石，培养了一种归属感和连续性，将几代人连接在一个共享经验和价值观的网络中。这些关系中蕴含的智慧引导着年轻人，支撑着老年人，并将人类的不同线索编织成一个跨越时间和空间的连贯叙事。

在一个短暂是常态的世界里，拥抱跨越一生的关系的智慧要求我们投资于坚持不懈，品尝共同经历的味道，并认识到真正的满足不在于短暂，而在于永恒。当我们站在过去、现在和未来的交叉点上时，一生关系的智慧召唤我们走上一条人迹罕至的道路——这条道路上铺设着纽带，这些纽带塑造了我们的人生历程，并在时间的编年史上留下了印记。

终身关系：

建立终身友谊和关系就像打理花园；这需要耐心、理解和一定程度的关注。这一切都始于我们真诚地感激别人和自己的幸福。我们必须在他们身边，努力倾听他们的沟通，无论是在好的时候还是在坏的时候都要在场。

当我们把我们的关系建立在诚实、良好的沟通以及尊重彼此的观点和生活地位的基础上时，我们就奠定了能够抵御任何风暴的根基。当我们一起留下美好的回忆时，这些根会变得更牢固。想想那些即兴的公路旅行，探索新的地方，或者只是放松一下，与我们有联系的人共度美好时光。这些时刻不仅仅是有趣的时刻；它们是把我们的生活编织在一起的线。当我们收集这些记忆时，我们创造了一个将我们联系在一起的故事，一个不会随着时间的推移而褪色的故事。坦诚地交谈就像给花园浇水一样，因为它能保持人际关系的健康。有时分享我们的想法和感受，并在别人也这样做时倾听，这一点很重要。当我们知道我们可以谈论任何事情，甚至是黑暗的秘密和疯狂的梦想，而不用担心被评判时，信任就会建立起来。

积极倾听是建立和维持任何关系的重要因素。这意味着我们正在努力真正理解和理解某人所说的话，并与谈话的主题焦点建立联系。这种关注建立了相互尊重和欣赏，确保我们所花时间的质量得到提高，并专注于重要的事情。

庆祝大大小小的胜利和保持传统是我们共同旅程的亮点。这些时刻说明了我们的生活是如何联系在一起的，给了我们一种归属感和快乐，这种归属感和喜悦来自于共同经历生活的旅程。

倡导每个人的独特品质和目标也很重要。当我们支持彼此的个人旅程时，我们会创造一种平衡，使任何关系都有机会发展壮大，并在不受限制的维度上表达自己。当我们陷入困境时，宽恕和理解是治愈的良药。说"对不起"，摆脱争吵，可以让我们的关系发展，而不是陷入伤害感的循环。在每个人身上投入时间不仅仅是闲逛。这是关于做对我们每个人都重要的事情，创造高质量的时刻，表明我们对友谊的关心和承诺。拥有相似的价值观和信仰就像拥有共同的语言。它为我们提供了一种共同面对人生旅程的方式，同时加强了联系。随意的善举是增进人际关系的意想不到的快乐。这些深思熟虑的时刻表明了我们对彼此的重视程度，这是言语有时无法表达的。

有弹性并理解关系是由赋予他们进化和变革倾向的特性组成的，可以帮助他们度过时间。当你看到你圈子里的每个人都在你身边成长，当你们一起努力实现目标，经历生活的曲折时，这会变得更加真实。

与那些对你的灵魂有益的人交往可以提高你的生活质量。确保你在需要的时候有空，并在最重要的时刻出现。还要明白，所花时间的质量比数量更重要。改变是任何关系的基本组成部分，但在我们共同成长的过程中，它往往会让我们的经历变得有趣。

维持一生的关系就像描绘一幅宏伟的画卷。它需要一只稳定的手，各种各样的颜色，以及对大局的眼光。每一个善意的手势、共同的笑声和发自内心的交谈都为这部杰作锦上添花，创造了一种纽带，让我们在一起走过生活时感到舒适和快乐。

同理心在这些错综复杂的关系音乐作品中扮演着指挥的角色。不仅要用耳朵，还要用心去练习倾听的艺术。倾听情感的无声音符，理解引导你所爱的人经历的潜在旋律。正如交响乐在和谐中产生共鸣一样，当同理心成为指导音时，关系也会蓬勃发展。

在动荡时期，成为指引你所爱的人度过风暴的同情灯塔。提供一个安全的港湾，让脆弱性得到理解和支持，提醒他们永远不会在生命的海洋中漂泊。想象一下，你在浩瀚而险恶的大海中航行，寻找同情的灯塔。将这个比喻扩展到维持一生的关系。当某人面临困难时，站在他们身边就像是风暴中的避难所。有时，我们甚至什么都不需要说；仅仅在那里就意味着整个世界。这些时刻将我们粘在一起，表明我们的纽带不仅仅是乐趣，而是一个团队，无论怎样。

把这些关系想象成镜子，不仅反映了现在，也反映了过去的旅程。定期打磨共享记忆的镜子，让它的表面闪烁着记忆的光泽。重温旧照片，讲述珍贵的故事，承认你们都经历过的演变。反思的行为增强了连续性，加深了经受住时间考验的纽带。把这些关系想象成从生活经历的大理石上雕刻出来的雕塑。正如艺术家纠正错误并改进作品一样，练习宽恕的艺术。雕刻出误解和分歧的粗糙边缘，雕刻出理解和成长的叙事。宽恕的行为将你们关系的雕塑转化为坚韧和团结的杰作。将这些关系视为能够振兴灵魂的稀有而珍贵的灵丹妙药。用感激之情滋养他们，品尝分享时刻的味道和陪伴的本质。通过盛大的姿态和简单的行为来表达你的感激之情，承认这些联系在塑造你的人生轨迹中所起的作用。

通过拥抱人类存在不断演变的本质来维持一生的关系。认识到变化是成长的内在组成部分，并将进化的线索编织到你的联系中。所有人都必须学会庆祝彼此的转变，鼓励追求梦想和探索新的视野。

珍惜互惠的平衡，在那里给予和接受和谐地流动。通过提供你的关心、支持和存在来培育这种纽带。同样，接受接受礼物，让你所爱的人在维持关系中发挥自己的作用。互惠的平衡确保了这种联系仍然是一种共同的旅程。

与他人建立联系是满足人类深切渴望的东西。我们甚至可以在没有意识到的情况下对某人产生深远的影响。令人惊讶的是，其他人也可以对我们自己的生活产生重大影响，增加的价值可能不会立即显现出来，可能只有几年甚至几十年后才会显现出来。

现在让我们深入探讨人类体验的一个基本方面：我们所有人固有的对社会化的永恒渴望。想象一下没有社会互动的生活。如果你缺乏与他人的有意义的接触，你的成长、发展和观点会受到阻碍，这是合理的假设。生活可能会变得单调乏味。

人类旅程的核心在于对社交的内在需求，这种需求超越了单纯的互动。它将自己编织成我们存在的复杂结构，就像形成网的线一样。人与人之间的联系创造了一种反复出现的相互依存模式，反映了我们共同的脆弱性以及我们对生活意义的追求。

这种社交需求远远超出了生存的范畴；它超越了时间、文化和环境。它呼应了我们在人类存在的迷宫中与人类同行的基本渴望。社会化有助于我们发现自己，让我们通过他人的眼睛看到自己的本质。它是一个反省的剧场，在这里，陪伴我们旅行的人分享的经验和反馈使我们能够辨别我们身份的细微差别。

社交的需要也利用了我们对共同叙事的集体渴望。纵观历史，人类被吸引聚集在篝火旁，分享胜利与悲剧、英雄与恶棍的故事。在今天这个数字连接的世界里，隐喻性的篝火已经转变为一个虚拟空间，在这里可以远距离分享轶事和经历。这些叙述不仅仅是故事；它们是将我们联系在一起的纽带，提醒我们共同的人性、共同的斗争以及我们对美好生活的集体追求。

社会化的需要在存在主义思想和哲学领域中找到了共鸣。存在主义哲学家思考生命的意义和人类对真实性的追求。在人类联系的领域，我们揭示了真实性——我们的情感、愿望和脆弱性的真实反映。通过分享我们内心深处的自我，我们剥去了在外部世界中经常穿的外衣，拥抱了我们存在的真实性。

从根本上说，人类对社交的需求是我们在人生旅途中渴望陪伴的表达。当我们在欢乐的顶峰和悲伤的低谷中航行时，我们在理解我们心灵节奏的同行的陪伴下寻求慰藉。

哲学家马丁·布伯引入了"我与你"关系的概念，强调了当个人作为独特的存在相互接触时产生的深层联系。在这些联系中，我们不仅找到了友谊，而且找到了对我们个性的肯定。

人们拥有强烈的社交欲望，这种欲望超越了表面的互动。

这些联系揭示了我们共同经历、目标和进步的集体写照。当我们寻求真实性、统一性和目标时，社交展示了定义我们存在的深刻的相互联系。通过人际关系，我们发现了内心自我的共鸣，我们个人旅程的回声，以及与他人分享生活更充实的不断提醒。

记忆与影响：

在浩瀚的存在中，就像掠过的微风一样短暂，我们的生活编织了一个由时刻、经历和联系组成的微妙结构。当我们思考我们留下的遗产时，物质财富和世俗成就的短暂性变得显而易见。在这段内省的旅程中，很明显，记忆和影响就像空灵的低语一样，是在时间的走廊中回荡的不断回声，塑造了人类体验的结构。

把生活想象成一幅复杂的马赛克，每一个动作、每一句话、每一种共同的情感都是构成我们存在的拼图的一部分。在这幅马赛克中，记忆是将生命注入我们生命画布的生动色彩。这些记忆是由我们互动的丝线编织而成的帷幕，刻着定义我们旅程的欢笑、泪水和共同时刻。正如画家在画布上用笔触传达情感一样，我们的记忆唤起了持续多年的情感和情感。

在哲学上，留下记忆和影响的概念与存在主义思想产生了共鸣。存在主义思想家面对生命的短暂性思考生命的意义。在这种背景下，我们留下的影响证明了我们存在的意义——提醒我们，虽然生命可能转瞬即逝，但它的回声可以在我们离开后很长一段时间内产生共鸣。就像鹅卵石在池塘表面产生的涟漪一样，我们的行为也会产生涟漪，在我们所接触的人的生活中回荡。

把记忆想象成灯笼，照亮未知的黑暗。随着时间的推移，这些灯笼将它们的光芒投射在未来几代人的道路上。我们施加的影响——我们发出的光——引导他人走过自己的旅程。这一思想的哲学基础可以追溯到古希腊的"凯罗斯"概念，即时刻具有内在意义，并具有塑造命运的潜力。我们的影响力变成了一系列时刻，这些时刻塑造了跟随我们的人的选择、信仰和愿望。

在更广阔的人类文明范围内，记忆和影响形成了编织文化与进步的纽带。正如作者的话可以激励几代人一样，我们对知识、艺术和智慧的贡献也成为照亮进化和启蒙之路的灯塔。这一概念与"实践智慧"的哲学概念相一致，强调传递知识和洞察力对改善社会的重要性。

当我们思考我们存在的短暂性时，记忆和影响力会成为我们传递给世界的空灵遗产。这些回声不断产生共鸣，超越了时间和空间的界限。记忆用鲜艳的色彩描绘着我们生活的画布，而影响则塑造着尚未展开的未来轨迹。我们的遗产不在于积累财产或追求转瞬即逝的名声，而在于我们对他人生活产生的不可磨灭的影响。记忆和影响，就像永恒交响乐的和谐音符，萦绕在我们的心中，将我们的旅程塑造成明天未知的广阔。让我们看看两个人，他们体现了留下记忆和影响的原则。我们即将看到两个人，对我来说，他们确实在历史上留下了不可磨灭的印记。

凯瑟琳·约翰逊（1918-2020）：

  凯瑟琳·约翰逊出生于1918年，是一位开拓性的美国数学家，她无可挑剔的技能和精确的计算在太空探索中留下了不可磨灭的印记。她天生的数字天赋和对飞船的坚定奉献使她取得了巨大的成就，在太空史上一些最重要的里程碑中发挥了至关重要的作用。

  凯瑟琳从小就很有才华。在非裔美国女性在STEM领域的机会有限的时候，她展示了非凡的天赋，轻松通过了年级水平，并以无与伦比的轻松吸收了数学概念。这种惊人的天赋使她在15岁的时候就进入了大学，为她在数学和航空航天领域做出无与伦比的贡献奠定了基础。20世纪50年代，凯瑟琳的专业知识在美国国家航空航天局（NACA）获得了应有的地位，该局后来演变为美国国家航空和宇宙航行局（NASA）。在这里，她复杂计算的技巧很快成为该机构进步的一个组成部分。她不仅仅是团队中的一员；她往往是关键，确保了决定太空任务成败的计算的准确性。

  凯瑟琳的能力在20世纪60年代的太空竞赛中大放异彩。当宇航员约翰·格伦准备绕地球进行轨道飞行时，他信任凯瑟琳一丝不苟的计算。她的工作不仅确保了任务的成功，也确保了格伦安全返回地球。

这只是她在美国国家航空航天局的众多决定性时刻之一。凯瑟琳的数学专业知识进一步指导了阿波罗任务，在历史性的登月中发挥了作用，将她的名字永远刻在太空探索的编年史上。

在她辉煌的职业生涯中，凯瑟琳的杰出贡献得到了应有的认可。美国国家航空航天局庆祝了她在任务中的重要作用，她获得了大量赞誉，包括著名的

总统自由勋章。凯瑟琳·约翰逊的人生故事激励了几代人，强调了在自己的领域中奉献、精确和卓越的价值。她的旅程证明了纯粹的天赋加上坚定不移的承诺，可以打破障碍，重塑历史。[4]

---

[4] Author. full Name. (n.d.). *Katherine Johnson*. New Scientist. https://www.newscientist.com/people/katherine-johnson/

Lisa Gelobter（1971年至今）：

Lisa Gelobter是美国科技界的一支开拓力量和绝对的巨人。她出生于1971年，从小就对技术有着明显的亲和力，她将这种热情引导到了一段辉煌的学术之旅中。Lisa拥有布朗大学计算机科学学位和麻省理工学院硕士学位，其基础专业知识为数字世界的一系列创新贡献奠定了基础。

在整个20世纪90年代，Lisa一直处于重新定义互联网的前沿。她在网络动画开发方面的细致工作为我们今天认为理所当然的动态互动在线体验奠定了基础。Lisa的洞察力和技术能力对在线视频和沉浸式网站的发展做出了重大贡献。她与冲击波、通用魔法和苹果等领先公司的合作进一步扩大了她对科技行业的影响。

除了她的技术贡献，Lisa的创业精神在她与人共同创立数字娱乐网络时大放异彩。这个开创性的平台富有远见，预示着网络视频平台的新时代终将成为常态。Lisa的承诺不仅仅局限于技术。认识到多样性和包容性在科技行业的重要性，她成为这些价值观的坚定倡导者。她的奉献精神在谷歌第一份多样性报告的发布中达到了顶峰，这证明了她对更具包容性的技术领域的影响力和愿景。

作为韧性、创新和决心的灯塔，Lisa Gelobter的遗产不仅仅是克服挑战，而是在她的领域推动有意义的变革和进步。随着她继续激励后起之秀的科技爱好者，她的故事提醒人们，激情与专业知识相结合的变革力量。

对许多人来说，Lisa不仅是一个开拓者，也是一个象征，当人才在技术世界中坚定不移地投入时，一切皆有可能。通过我们的观察镜头，我们可以看到，这些鼓舞人心的女性已经克服了动荡的海洋和偏见的限制，成为了她们所在领域的真正天顶。然而，我们对时间的探索和穿越还没有结束，因为我们还有很多东西要看。

第七章：对真主的信仰

作为人类，我们都有不同的人生目标。我们中的一些人可能会为金钱、名声、权力或影响力而奋斗。然而，当我们对这件事展开哲学和学术研究时，我们可以看出，每个人的最终目标都是过上充实的生活。生活是一种不可预测的现象，在我们追求充实生活的过程中，我们有时会忘记，在这个物质主义的世界里，并不是所有的事情都在我们的控制之下。尽管如此，我们所有人的最终目标仍然是一样的：过上有意义和令人满意的生活。

"什么是充实的生活？"这个问题的答案因人而异。虽然有些人可能认为这是有钱或有权，但另一些人可能认为它就像修理一辆旧车一样简单，已经成为一种爱好。然而，至关重要的是要理解，过上充实的生活要复杂得多，涉及身体、情感、智力和精神健康的综合。它包括对幸福、满足和目标的追求，为生活提供深度和意义。这项哲学和学术研究旨在探索以更自信的方式过上充实生活的各个方面，包括培养有意义的关系、追求个人激情、保持健康的生活方式以及为更大的利益做出贡献。

充实生活的核心在于与他人建立有意义的联系。与家人、朋友和更广泛的社区建立和培养关系可以提供归属感和情感支持。这些联系提供了分享经验、共情和共同成长的机会。参与开放的沟通、积极的倾听和富有同情心的理解加深了这些关系，培养了相互联系和满足感。同样重要的是追求个人激情和兴趣。从事与自己的价值观和兴趣产生共鸣的活动会带来成就感和快乐。追求激情不仅丰富了生活体验，也促进了个人成长和自我发现。无论是绘画、演奏乐器、练习运动还是从事创造性写作，花时间从事这些活动都会培养目标感和满足感。

可以肯定地说，充实的生活包括照顾自己的身体健康。通过定期锻炼、均衡饮食、充足睡眠和压力管理，采用健康的生活方式有助于整体健康，这是充实生活的主题，不容忽视。身体健康不仅能提高能量水平和认知功能，还能增强情绪弹性。

进行正念练习、冥想或瑜伽可以提高心理清晰度和情绪稳定性，使个人能够以积极的态度应对生活中的挑战。不过，要小心，因为充实的生活也需要智力成长和不断学习。你必须积极努力，改善你生活中可能缺乏的领域。欢迎好奇心，寻求各个领域的知识，丰富了认知能力，培养了适应能力。通过正规教育、阅读、参加讲座或探索新技能进行终身学习，可以拓宽视野，鼓励个人发展。当个人挑战自己以进化和扩大对世界的理解时，智力刺激会激发成就感和目标感。

为更大的利益做出贡献对过上充实的生活起着至关重要的作用。善举、志愿服务和参与社区或社会事业会产生超越个人愿望的目标感。利他主义的努力对他人的生活产生了有意义的影响，灌输了一种深深的满足感和与整个世界的相互联系。

过上充实的生活是一种全面的努力，包括各种幸福维度。培养有意义的关系、追求个人激情、保持身心健康、持续学习以及为改善社会做出贡献，这些都有助于过上充满目标和满足感的生活。通过努力在这些方面之间取得平衡，个人可以踏上自我发现、成长和实现的旅程，超越单纯的存在，拥抱生活的真正本质。

通过信仰实现：

在整个历史中，对真主的信仰一直是个人灵感、指导和慰藉的来源。它有可能深度丰富和改变生活，带来目标感、满足感和成就感。让我们探索对真主的信仰可以通过多种方式为充实的生活做出贡献，涉及内心的平静、道德指南针、社区、个人成长和韧性。植根于信仰的充实生活的核心是内心平静的体验。在不确定和逆境中，相信更高的力量会带来安慰。有一个神圣的计划和目标的保证提供了一种平静的感觉，让个人能够以平静的心应对生活中的挑战。这种内心的平静源于这样一种理解，即困难是由一种仁慈的力量精心策划的更大叙事的一部分，培养了一种有韧性的心态，促进了情绪的健康。

对真主的信仰也是一个道德指南针，引导个人做出道德选择和过上有道德的生活。宗教教义往往强调同情、诚实、谦逊和宽恕等价值观。接受这些价值观不仅能培养健康的人际关系，还能培养强烈的自尊和正直感。当我们做出符合信仰原则的决定时，这有助于我们过上问心无愧、道德实现感强的生活。对真主的信仰往往会导致一种归属感，归属于一个支持他的社区。宗教集会提供了一种团结和共同目标的感觉，为社会互动、友谊和相互支持创造了空间。这些社区提供了联谊的机会，个人可以在这里找到理解、鼓励和友情。这种联系可以增强相互联系的感觉，对抗孤独感，促进情感幸福。

追求个人成长是植根于信仰的充实生活的另一个标志。许多宗教传统鼓励通过反省、自律和自我意识来自我提升。

从事祈祷、冥想和自我反省等练习可以促进精神成长和自我发现。信仰驱动的个人往往努力培养美德，克服个人挑战，对自己的目标有更深的理解，为个人不断发展的生活做出贡献。我想补充一点，对真主的信仰提供了在逆境中恢复力的源泉。信徒们经常从他们的信仰中汲取力量来忍受困难的环境，即使在痛苦的时候也能找到希望和意义。挑战是成长的机会，神圣的存在正在引导他们度过困难，这种信念增强了他们的情绪和心理复原力。这种韧性使个人能够坚持并克服障碍，从而产生成就感和成就感。

对真主的信仰可以塑造和提升个人的生活，从而实现内心平静、道德操守、归属感、个人成长和韧性的圆满存在。信仰提供的精神基础为驾驭生活的复杂性、培养深刻的目标感以及引导个人走向有意义和满足的生活提供了路线图。通过信仰的视角，生活的体验呈现出新的维度，让个人能够接受挑战，庆祝快乐，并在自己的道路上找到满足感。

真主话语的智慧:

相信真主的话本质上与智慧的主题交织在一起，因为它提供了一个启示人类生存的见解和指导库。本节探讨了为什么接受真主的话语会体现智慧，探讨了道德启蒙、超越视角、集体智慧、个人成长和追求终极真理等主题。从本质上讲，相信真主的话体现了一种道德启蒙形式。来自各种宗教传统的神圣文本提出了经过几代人的经验提炼的伦理原则和价值观。智慧需要理解我们行为的后果，并做出有助于更大利益的选择。通过接受真主话语中的教导，个人将自己的决定与经过时间考验的智慧来源相一致，从而培养同理心、同情心和道德操守。

　　此外，真主的话语提供了超越人类理解局限的超越视角。智慧包括超越眼前环境的能力和把握更广泛的生活背景的能力。宗教文本中的教义经常深入探讨存在主义问题，探讨创造的奥秘、痛苦的本质和存在的目的。通过将他们的信仰植根于真主的话语，个人获得了承认生活复杂性的视角，同时提供了将他们的理解提升到更高水平的见解。

　　相信真主的话也会挖掘社区的集体智慧。宗教信仰往往将具有共同价值观和信仰的个人聚集在一起。在这些社区中，智慧被分享、培育并代代相传。思想、经验和解释的交流有助于更丰富地理解真主的教导。这种共同智慧支持个人成长，并鼓励将精神见解应用于现实世界的挑战。个人成长之旅是另一个与信仰真主话语相一致的智慧维度。智慧包括对自我提升、内省和谦逊的承诺。当个人接受宗教教义时，他们就会走上一条不断学习和转变的道路。这些教导鼓励自我意识、宽恕和美德的培养。通过这个过程，个人变得更聪明、更有同情心、更有韧性，在他们的性格和行为中体现了智慧的本质。

　　追求终极真理是智慧的核心原则，与相信真主的话语产生共鸣。智慧包括对理解现实、存在和目的的基本本质的探索。宗教文本经常提供对神性的本质、创造的奥秘以及所有生命的相互联系的见解。通过与真主的话语保持一致，个人在寻求揭示人类存在的终极真理时，进行了一种超越世俗、深入探究的追求，体现了智慧的本质。

　　接受真主的话语是对智慧的证明，因为它包括道德启蒙、超越视角、集体智慧、个人成长和对终极真理的追求。个人挖掘智慧的源泉，通过将自己的信仰植根于神圣的教义，引导他们的行动，塑造他们的性格，并提升他们对生活复杂性的理解。在这种背景下，智慧成为一种充满活力和变革性的力量，为存在注入目的、深度和与神性的变革性联系。

为真主服务的关系:

建立终身关系是一项宝贵的努力，它丰富了人类的生存，提供了陪伴、支持和共同的经历，塑造了我们的自我发现之路。在这些关系中，我们与真主建立的纽带是最有思想和意义的，是精神联系、指导和无尽爱的基石。

在本节中，我们将深入探讨建立终身关系的艺术，强调为什么与真主的关系因其持久的性质、影响、不屈的支持和精神共鸣而优先。

对终身关系的追求是相互理解、共享时刻和情感深度的复杂舞蹈。建立这些联系需要真正的努力、积极的沟通和经受住生活风暴的承诺。这些关系在高潮和低谷时提供陪伴，使我们建立在爱、信任和同理心的网络中。然而，在所有这些纽带中，与真主的关系超越了世俗的局限，提供了一种超越时间和空间界限的永恒联系。

与真主的关系是至高无上的，因为它对个人有着强烈的影响。虽然人际关系往往有助于个人成长，但与神的关系催化了一种反思性的内在转变。拥抱灵性可以培养谦逊、同情、宽恕和感激等品质。它鼓励自我反思和内省，从而更深入地理解一个人的目的和与宇宙的联系。

这段深刻的旅程使个人能够进化成最好的自己，与他们信仰所教导的价值观和美德保持一致。无休止的支持是与真主关系的标志。人际关系可能会因为环境、误解或时间的流逝而动摇。然而，与神的联系仍然坚定不移。信徒知道真主的爱和指引永远存在，在生活的挑战中提供安慰，从而找到慰藉。这种支持成为韧性的源泉，使个人能够以勇气和风度应对困难。

与真主关系的精神共鸣将其提升到一个独特的地位。虽然人际关系是令人满意的，但它们往往受到人类不完美和局限的制约。相比之下，与神的关系进入了一个无限的爱、智慧和理解的领域。

这种精神联系与灵魂深处产生共鸣，满足了对意义、目标和超越的天生渴望。它将个人锚定在对比自己更伟大的事物的归属感中，培养出深深的成就感和内心的平静。

建立终身关系的努力证明了人类建立联系和同理心的能力。这些纽带丰富了我们的生活，提供了陪伴、分享经验和相互成长。

然而，由于其持久的性质、影响、牢不可破的支持和精神共鸣，与真主的纽带在这些关系中占据了优先地位。

当个人投资于培养与神的关系时，他们开始了一场超越世俗局限的冒险，引导他们走向一种终身的联系，这种联系带来了目标、深度和持久的成就感。

在世界上寻找真主的存在

我们对真主及其至高无上的力量的信仰令人着迷，超越了各种文化、文明和世纪，在人类历史上留下了不可磨灭的印记。世界上大多数人都相信这一点，他们的理由往往是多方面的，往往受到各种因素的影响，包括心理、文化、哲学和精神层面。

例如，一些人可能会从对更高权力的信仰中获得安慰，而另一些人则可能通过宗教实践在生活中找到目标感。

此外，文化和哲学的影响也会影响一个人的信仰，一些社会强调集体崇拜，而另一些社会则关注个人的精神旅程。

本节深入探讨了这些不同的因素，详细探讨了为什么这种信仰在不同的社会和整个历史中一直存在，并通过例证进一步阐明了这一复杂的主题。

心理安慰及其意义：

对真主的信仰往往为个人提供心理安慰，尤其是在不确定、恐惧或痛苦的时候。真主对宇宙的全能监督提供了慰藉，提供了希望和安慰的源泉。例如，在个人逆境或全球危机期间，许多人转向祈祷，寻求神的指引，以应对挑战并在挑战中找到意义。

解释无法解释的：

人类对世界及其奥秘天生的好奇心增强了我们对更高力量的信念，将其作为解释曾经超出科学理解范围的自然现象的一种方式。

例如，古代文明无法理解雷暴或地震的原因，将这些事件归因于神的行为。这种对神圣干预的归因为理解世界的复杂性提供了一个框架。

文化和社会影响：

文化和社会因素在形成信仰方面发挥着重要作用。宗教与许多文化的传统、家庭价值观和社会规范深深交织在一起。例如，宗教习俗经常被纳入出生、结婚和葬礼等成人仪式中。

这些与宗教信仰的文化联系有助于它们代代相传。宗教教义通常提供一个道德框架，指导道德行为，促进同情心、诚实和利他主义等美德。

许多人在遵守宗教行为准则中找到了安慰，这些准则帮助他们应对复杂的道德困境。例如，基督教的十诫和伊斯兰教的五大支柱为过上有道德的生活提供了明确的指导方针。

人类对真主的信仰反映了人类对超越和与更伟大事物联系的基本愿望。我们神圣的创造者的存在提供了一种目标感和一条寻求生活更深层意义的途径。超越的概念可以在各种宗教的仪式、祈祷和冥想实践中看到，这使个人能够与神圣联系，体验精神提升的时刻。

哲学思考:

几个世纪以来，真主的存在一直是哲学话语的中心话题。托马斯·阿奎那和勒内·笛卡尔等哲学家提出了基于理性和逻辑的真主存在的论点。这些哲学讨论通过让个人参与智力探索并为他们的信仰提供理性基础，促进了对真主信仰的盛行。

个人经历:

许多信徒报告了个人经历，通常被描述为精神或神圣的遭遇，这些经历巩固了他们对真主的信仰。

这些经历可以从哲学洞察力的时刻到与物理领域之外的事物相连的感觉。虽然这些经历是个性化的，但它们对每个人都具有巨大的意义，并加强了他们对神圣的信仰。

对真主的信仰是一种复杂的、改变生活的现象，是由心理、文化、哲学和精神因素共同形成的。

历史、文化、哲学和个人经历的例子说明了为什么世界上大多数人相信真主。无论是寻求心理安慰、为未知寻找解释、坚持道德框架，还是经历超越时刻，这些原因共同促成了我们在不同社会根深蒂固的信仰的持久性。

真主是好的：

对真主善良的理解是许多宗教信仰的基石，强调以同情、怜悯和仁爱为特征的神性。通过这段旅程，我们可以看到真主是如何善良和仁慈的，提供了他的仁慈的例子——看看对真主的信仰是如何实现的，以及他的爱、恩典和支持。

真主的仁慈在各种宗教传统中都很明显，显示了他宽恕和同情的能力。神学通常描绘真主愿意赦免人类的错误，并引导个人走向正义。例如，在基督教中，浪子的寓言说明了真主愿意拥抱和原谅一个任性的孩子，这个孩子带着懊悔的心回来了。同样，在伊斯兰教中，"最仁慈的人"和"最有同情心的人"的属性突出了真主无限的仁慈。

神圣慈悲的例子：

在宗教文本和传统中，真主仁慈的例子比比皆是。在《圣经》中约拿的故事中，当尼尼微城的人民忏悔时，真主保佑尼尼微市免于毁灭。在伊斯兰传统中，先知穆罕默德的故事强调真主对他的创造物的同情，如诗句所示："我的仁慈涵盖了一切。"另一方面，印度教描绘了神克利须那在将信徒从危险境地拯救出来时的仁慈。这些叙述强调了对真主仁慈的信仰和他宽恕他人的意愿。

对真主的信仰给信徒带来了他无条件的爱的保证。许多宗教教义强调，真主的爱超越了人类的局限，接受了个人的本来面目、缺陷和一切。这种保证培养了一种深深的归属感和自我价值感，因为信徒们明白他们受到仁慈的创造者的珍视。

真主的良善也体现在他对信徒的引导上。宗教经文通常提供道德和伦理原则，作为过上道德生活的指南。例如，犹太教和基督教的十诫提供了一个道德框架，而佛教的八十正道提供了一条启蒙之路。这一指导灌输了一种目标感，帮助信徒以正直和智慧应对生活中的挑战。

变革性影响：

对真主的信仰对个人的生活产生了变革性的影响。真主的善良和仁慈的概念鼓励信徒在自己的行动中效仿这些品质。善良、同情和宽恕的行为成为他们信仰的表达。这种转变延伸到个人成长，因为信仰鼓励信徒不断努力提高道德和精神水平。对真主的信仰为信徒提供了深厚的精神联系，培养了深厚的成就感。这种联系超越了世俗的关注，提供了慰藉、目标和与神圣牢不可破的纽带。信徒通过祈祷、冥想和崇拜行为来培养他们与真主的关系，从而找到满足感。

逆境中的希望：

真主的仁慈和仁慈给信徒带米了希望，尤其是在逆境中。

即使在最黑暗的时刻，真主也在场的信念也能带来安慰和力量。例如，《圣经》中关于乔布斯的故事展示了尽管遭受了巨大痛苦，但仍有信心，展现了真主的善良将占上风的希望。真主的善良和仁慈是非凡的，通过宽恕、同情、引导和内省的影响来表现。

来自各种宗教传统的例子说明了这些属性，强调了吸引信徒更接近他们信仰的神圣品质。信徒所经历的成就源于对真主无条件的爱、他的指引、信仰的深不可测的力量以及它所培养的重要联系的保证。

最终，对真主的信仰提供了一种反思性的目标感、希望感，以及对他永恒的善良和仁慈的坚韧信念。

加强与真主的关系是一个深刻的个人旅程，包括培养联系感、奉献感和灵性。让我们来看看个人可以采取的共同做法，以加强他们与真主的关系。

培养信仰：

加强与真主关系的核心在于信仰的培养。相信真主的存在和仁慈是建立联系的根本。当个人进行自我反思并思考生活的复杂性时，他们可以培养更深层次的信仰感。信徒们经常发现，培养信仰需要开放、谦逊和拥抱未知的渴望。

祈祷和冥想：

祷告是与真主直接沟通的基石。定期留出时间祈祷可以让个人表达自己的想法、希望和担忧，培养与神的亲密感。冥想通过创造一个沉默、沉思和提高对真主存在的意识的空间来补充祈祷。这两种实践都加深了与精神境界的联系。

圣文研究：

探索与信仰相关的神圣文本可以理解真主的教导和智慧。

无论个人是在阅读《圣经》、《古兰经》、《托拉》、《薄伽梵歌》还是任何其他宗教经文，信徒都可以获得对神圣指导的宝贵见解，从而过上合乎道德的生活、培养同情心和实现精神成长。这些经文是信徒的知识之井，让他们更深入地理解支撑他们信仰的神圣真理和原则，并向他们灌输对其中所包含的精神智慧的欣赏。

练习无私：

与真主建立牢固的关系需要有意识地努力效仿他的品质，比如爱、同情和无私。从本质上讲，信徒应该通过在日常生活中反映真主的神圣属性，努力变得更像真主。实现这一目标的一种方法是通过行善和服务他人，这不仅是有益的，而且反映了真主对人类的意图。通过无私，个人可以通过在行动中体现真主的教导，与真主建立更深的联系。这包括耐心、宽容和对他人表现出同理心，就像真主对人类所做的那样。通过这样做，信徒不仅加强了他们与真主的关系，而且为建设一个更美好、更繁荣的世界做出了贡献。

寻求社区：

成为宗教团体或会众的一员对那些寻求精神成长的人来说是非常有益的。它提供了一个支持和欢迎的环境，个人可以在这里与其他信徒互动，分享经验、学习和鼓励。集体祈祷、宗教集会和社区活动是这些社区成员聚集在一起的一些方式，以加强对一个由共同信仰团结在一起的精神家庭的归属感。这些社区提供的支持在困难或危机时期尤其有用，因为成员们可以相互提供情感和实际的支持。此外，宗教社区经常提供慈善工作和外联的机会，使成员能够对当地社区和更广泛的世界产生积极影响。总的来说，加入宗教团体或会众是一种丰富的体验，可以帮助个人加深精神联系，促进个人成长。

感恩和正念：

培养感恩和正念是提高我们日常生活中对真主存在的认识的有力方法。通过花时间去认识我们周围的祝福和美丽，我们可以培养对我们周围的神圣造物的深深敬畏和欣赏。无论是通过祈祷还是写感恩日记，表达我们对生活中的善良和喜悦的感谢，都可以加深我们与真主的天意的联系，帮助我们以更清晰和同情的态度看待世界。通过将正念和感恩融入我们的日常生活，我们可以与神建立一种更有意义、更有成就感的关系，并在我们的生活中找到更大的和平与目标。

进行反思：

定期进行自我反思是个人在精神旅程中的一项重要实践。它提供了一个机会来深入评估一个人的行为、意图和精神成长的进展。反思一个人的行为和信仰之间的一致性，使信徒能够确定需要改进的领域，并促使他们寻求有意识地克服缺点的方法。这种内省和自我完善的过程可以使信徒更接近他们对真主的理解，并增强他们的精神联系。通过定期的自我反思，个人可以发展出更大的自我意识和正念感，从而实现更充实、更有意义的精神旅程。

迎接挑战，相信真主：

生活充满了挑战和挫折，有时很难应对。然而，对于信徒来说，这些审判可以成为加强他们与真主关系的宝贵机会。当面临逆境时，个人可以求助于自己的信仰，依靠真主的指导和支持来帮助他们度过困难时期。

通过将挑战视为成长的机会，信徒可以在困难的环境中转变观点并找到意义。即使事情没有按计划进行，他们也可以相信真主的计划正在展开，一切的发生都是有原因的。起初可能并不总是很清楚，但只要有信念和毅力，信徒们就能克服任何障碍，变得比以前更强大。

用心生活:

当我们带着正念过日常生活时，我们会更容易认识到神在我们周围的一切事物中的存在。当我们有意图和目的地对待它时，每一项日常活动，从平凡到重要，都可以转化为神圣的奉献行为。无论是履行我们的责任、从事工作还是培养关系，每一个行动都可以加深我们与神的联系，增强我们的目标感和正直感。

加强与真主的关系是一项多方面的努力，包括培养信仰、祈祷和冥想、学习神圣经文、练习无私、寻求社区、拥抱感激、反思和相信真主的计划。通过将这些实践融入日常生活，个人走上了一条道路，加深了他们与神的联系，培育了精神成长，并使他们更接近目标感、意义感和成就感。

正如我们之前所讨论的，信仰与智慧深深交织在一起，它的声音与哲学环环相扣，世界的真理在整个时间和空间中回荡。

托马斯·默顿（1915-1968）：

  托马斯·默顿是美国特拉普派牧师、学者和散文家。他经历了一个动荡的成长过程，其特点是内心的挣扎和对意义的追求。另一方面，默顿皈依了天主教，并在与信仰的一次改变人生的邂逅后进入修道院。默顿成为了一位有影响力的精神作家，他调查了与世隔绝的墙壁中信仰、孤独和社会正义的交叉点。默顿的修道院生活致力于沉思和精神内省，以此作为获得智慧的手段。他接受了基督教并进入修道院，为追求更多的见解和真理提供了一个框架。

  默顿的著作反映了他对智慧和生命神秘方面的研究。寻求精神转变和对信仰更深入理解的人们继续受到他的内省之旅和他的著作（如《七层山》）的启发。他的旅程表明，沉默、反思和与神的联系可以培养智慧。[7]

C.S.刘易斯的故事：

  Clive Staples Lewis（通常被称为C.S.Lewis）的一生证明了信仰智慧的变革力量。刘易斯是一位著名的英国作家和学者，以其小说作品而闻名，包括《纳尼亚传奇》系列，以及他的道歉作品，尤其是《纯粹的基督教》。C.S.Lewis从无神论到成为一名虔诚的基督徒的旅程探索了塑造他非凡转变的关键时刻和思想演变。C.S.Lewis 1898年11月29日出生于爱尔兰贝尔法斯特。刘易斯在一个名义上信奉基督教的家庭长大，他的早年生活充满了悲剧。他的母亲在他九岁时去世，这让他深受影响，并质疑仁慈的真主的存在。这些早期对信仰的怀疑为他后来的无神论信仰奠定了基础。

刘易斯从小就是一位杰出的学者。他就读于牛津大学，在那里他的学术追求使他接触到了一个充满智力挑战和不同观点的世界。

在牛津大学期间，刘易斯受到了他那个时代的知识氛围的影响，其特点是无神论和怀疑主义的兴起。在他的密友J·R·R·托尔金的影响下，刘易斯开始探索神话、文学和哲学，所有这些都将在他的精神旅程中发挥至关重要的作用。

第一次世界大战的爆发对刘易斯和他的这一代人产生了强烈的影响。作为一名在法国前线服役的士兵，刘易斯亲身经历了战争的恐怖。这段经历加深了他对公正和富有同情心的真主存在的怀疑，他从战争中归来，成为一名坚定的无神论者。尽管刘易斯是一个无神论者，但他好奇的头脑促使他探索宗教概念和文学。他开始参加一个名为"墨水人"的文学圈的聚会，在那里他遇到了其他作家，比如托尔金。随着时间的推移，通过个人探索和与他人的互动，刘易斯从无神论转变为有神论。他接受了至高无上的存在的概念，承认真主的存在是一种理性的可能性。刘易斯的旅程仍在继续，他沉浸在G.K.切斯特顿、乔治·麦克唐纳和约翰·本扬等基督教作家的作品中。这些作者在塑造他新兴的信仰方面发挥了重要作用。刘易斯特别喜欢基督教文学的寓言和想象力，这与他在神话和讲故事方面的背景产生了共鸣。

1931年9月的一个晚上，C.S.刘易斯的精神之旅迎来了转折点。在与密友J·R·R·托尔金和另一位朋友雨果·戴森交谈时，刘易斯度过了他所说的"长刀之夜"。在这场关于神话和基督意义的激烈讨论中，刘易斯经历了一次精神觉醒。后来，他在自传《喜乐惊喜》中写到了这一时刻，称自己"屈服"于真主的存在，意识到自己已经成为一名基督徒。这段皈依经历标志着他生命中的一个关键时刻。

皈依基督教后，C.S.Lewis致力于研究神学和捍卫信仰。他写了许多书和文章，使他成为20世纪最有影响力的基督教辩护者之一。《纯粹的基督教》，也许是他最著名的作品，将复杂的神学概念提炼成通俗易懂的语言，使基督教信仰为广大观众所理解。C.S.刘易斯从无神论到基督教的历程证明了理性、想象力和个人经验在信仰问题上的力量。他的作品继续激励和引导着无数个人进行自己的精神旅程。刘易斯弥合智力怀疑论和发自内心的信仰之间差距的能力留下了持久的遗产，继续影响着关于信仰和精神的讨论。

C.S.Lewis从无神论到成为一名虔诚的基督徒的历程反映了当一个人以开放的心态处理信仰问题，并愿意参与挑战先入为主观念的想法和经历时，可能发生的转变。刘易斯的人生故事是一个令人信服的例子，说明了对意义的持久追求，以及信仰对个人生活视角和目标的影响。让我们继续往下看，时间和智慧的含义。

第八章：确保金融未来

第五章是对金融智慧的全面探索。我们现在推进这一讨论，研究其潜在的长期影响及其与促进稳定和安全的未来的内在联系。我们将探讨在整个金融史上，如何出现了许多技术和战略，如果这些技术和战略得到熟练运用，将为更光明的未来铺平道路。这一论述植根于广泛的研究，提出了巩固个人财务未来的途径。

合理化金融智慧:

理财智慧不仅仅是知道把钱放在哪里。这是关于了解大局，预见潜在挑战，并做出从长远来看有益于你的明智决定。在本节中，我们将深入了解提前规划的重要性。把它想象成为自己配备工具和知识，以便更有效地驾驭人生的财务旅程。

规划未来是人类生活的重要组成部分。它起到了引导作用，帮助个人实现目标和抱负，就像指南针指引人们走向他们想要的目的地。本节将讨论未来规划的重要性，探讨它如何影响个人、职业和社会层面。未来规划的核心是设定目标并制定实现目标的路线。这是一个过程，包括设想一个期望的未来状态，并战略性地组织一个人的行动、资源和时间来实现这一愿景。这种远见将人类与其他物种区分开来，使我们能够有意识地塑造自己的命运。

未来规划对个人发展尤其重要。它使个人能够识别自己的优势、劣势、激情和价值观，从而使他们能够对自己的教育、职业和生活选择做出明智的决定。如果没有计划，一个人可能会在生活中迷失方向，错过机会，无法充分发挥自己的潜力。相反，有了一个深思熟虑的计划，个人可以设定特定的里程碑，努力实现自我完善，从而过上更充实、更有目标的生活。

有效的未来规划是任何职业成功的关键因素。企业家、组织和企业精心制定战略，以适应不断变化的市场，利用创新，保持竞争力。这种战略思维不仅有助于他们茁壮成长，而且有助于经济增长和创造就业机会，最终造福于整个社会。

在更大范围内，未来规划在应对全球挑战方面发挥着关键作用。政府必须规划基础设施发展、医疗保健、教育和环境可持续性，以确保公民和子孙后代的福祉。国际合作和外交也在很大程度上依赖于促进和平、稳定和全球进步的规划。

未来规划有助于增强面对不确定性的应变能力。它使个人和组织能够预测和减轻金融投资、备灾或医疗保健战略中的风险。应急计划确保挫折不会成为不可逾越的障碍。从本质上讲，未来规划是梦想与现实之间的桥梁。它使个人能够将愿望转化为具体行动，使他们能够过上有目的的生活，并为社会做出积极贡献。它培养了适应性和韧性，这是在一个充满快速变化和不确定性的世界中的基本素质。

正如我之前多次提到的那样，未来规划的重要性怎么强调都不为过。它是个人成长、职业成功和社会进步的蓝图。没有它，个人和社会就会随波逐流，缺乏方向和目标。有了它，我们就有了工具，为我们自己和子孙后代塑造一个更光明、更有希望的未来。

代际安全:

如今，世代财富的概念越来越重要。这不仅仅是为了积累金钱，也是为了为自己和家人后代创造一个经济安全的未来。实现这一目标需要认真规划、负责任的决策以及对确保家庭和子孙后代福祉的坚定承诺。在本节中，我们将探讨这一重要努力的各个方面。

为了建立一个财务安全的未来，有一个强大的财务知识基础是至关重要的。了解预算、储蓄、投资和债务管理的基本原则对于长期财富创造至关重要。金融教育使个人具备对资金做出明智选择的知识，从而实现金融稳定和增长。正如我之前提到的，了解一些事情永远不会对你造成伤害。审慎的财务规划延伸到设定明确的财务目标。这些目标是指路明灯，引导人们朝着正确的方向努力。无论是为孩子的教育储蓄、买房还是舒适地退休，明确的目标都为财务规划提供了动力和结构。

投资策略在积累财富方面发挥着关键作用。股票、债券、房地产和共同基金等资产类别的多样化投资有助于降低风险并优化回报。耐心也是投资的美德；随着时间的推移，复利可以产生可观的收益，提供坚实的财务基础。

确保个人财务未来的另一个关键方面是风险管理。这包括有足够的保险范围来防止疾病、事故或自然灾害等不可预见的事件。风险管理确保意外挫折不会破坏长期财务目标。

遗产规划是传承世代财富的重要一步。它涉及精心构建资产，如遗嘱、信托和受益人指定，以确保财富顺利、公平地转移给继承人。遗产规划不仅有助于最大限度地减少税收，还可以为子孙后代保留家庭资产。

除了财务规划的技术细节之外，向家庭灌输财务价值观是至关重要的。教孩子们理财、储蓄和负责任的消费习惯，可以确保他们为处理传给他们的财富做好充分准备。这些知识使他们能够做出合理的财务决策，并延续财务安全的传统。

世代财富的概念不仅与金钱有关，还与相关的价值观和原则有关。将智慧、职业道德和责任感与金融资产一起传承下去的家庭创造的遗产远远超出了美元和美分。

创造一个经济安全的未来并传承世代财富是一项多方面的努力，需要仔细规划、教育和基于价值观的指导。它包括金融知识、目标设定、审慎投资、风险管理和房地产规划。归根结底，这不仅仅是为了积累财富，也是为了为子孙后代培养金融稳定、责任感和繁荣的遗产。

退休计划：

每个人都必须在人生的某个时刻退休。退休意味着你已经到了人生的一个阶段，由于时间的折磨，高要求的工作根本不够可行。但你不能有一天突然决定要退休，或者干脆不能再工作了。

这就是为什么退休时必须进行细致的计划。根据我的经验，你计划得越早，事情就会越好。提前退休计划是一种谨慎和负责任的方法，会对一个人在黄金岁月的生活质量产生重大影响。我整理了一份清单，探讨了与提前退休计划相关的好处，强调了这一重要人生阶段的重要性。尽管我必须再次强调，我不是金融专业人士，但这些策略似乎对几乎所有人都可行。我现在与大家分享这份清单：

提前退休福利：

也许提前退休计划最明显的好处是经济保障。

通过在工作期间明智地储蓄和投资，退休人员可以积累大量的积蓄，在退休期间提供舒适的收入。这种财务缓冲使退休人员能够在没有财务不确定性压力的情况下维持他们想要的生活方式。

复利：

有效的退休计划包括尽早开始储蓄，并利用复利的力量。复利是指储蓄的初始金额所赚取的利息，以及已经累积的利息。通过尽早开始储蓄，个人有更多的时间通过复合回报来积累财富，即使贡献不大。随着时间的推移，这些回报会显著增加，导致大量财富积累。因此，尽快开始为退休储蓄以充分享受复利的好处至关重要。

弹性退休年龄：

并不是每个人都有选择何时退休的奢侈。这就是世界残酷的真相。

退休的原因因情况而异，但必须为这种可能性做好准备。提前退休计划提供了选择何时退休的灵活性。无论有人想在50多岁、60多岁甚至更早退休，精心规划都可以使这些选择变得可行，从而提供按自己的意愿享受生活的自由。

税收优惠：

各种退休账户，如401（k）和IRA，提供税收优惠，可以减轻工作年和退休时的总体税收负担。这些激励措施可以促进储蓄并保护财富。

如果你还记得很清楚的话，我在第五章探讨了Roth IRA的可能性。再次简要介绍一下：

Roth IRA是一个退休账户，在退休时提供免税增长和提款。当你59岁半或以上并且拥有该账户五年时，你可以免税取款。

安心：

我们再次回到过充实生活的主题上来。我个人认为，如果没有内心的平静，就无法实现充实的生活。根据我的经验，知道退休在经济上是有保障的，这会带来内心的平静。退休人员可以享受他们的休闲时光，而不必不断担心钱花光，从而实现更幸福、更健康的退休生活。现在，这一切都不言而喻：在进行提前退休计划时，你必须记住一些缺点。生活中的一切都是有代价的，这当然也不例外：

提前退休牺牲：

延迟享乐：

我们都希望最大限度地享受人生的黄金岁月。在这种情况下，我绝对没有什么不同，但我已经看到，你必须非常均匀地传播这种享受。提前退休计划往往要求个人推迟即时满足。在为未来储蓄的同时，有些人可能需要放弃目前的某些奢侈品或体验，这对那些优先考虑即时满足的人来说可能是一个挑战。

经济不确定性：

经济可能高度不可预测，市场衰退或意外的金融紧急情况可能会使退休计划脱轨。这使得建立一个金融安全网以减轻风险和适应不断变化的环境变得至关重要。

定期储蓄、明智投资以及与财务顾问合作都有助于确保你为可能出现的任何经济挑战做好准备，即使在逆境中也能维持你的退休计划。

医疗保健成本：

需要注意的是，医疗费用往往会随着年龄的增长而增加，尤其是退休人员。由于退休可能会持续几十年，为需要长期护理的可能性做好计划是至关重要的。这不仅包括确保足够的医疗保险覆盖范围，还包括考虑长期护理保险或为潜在的医疗费用留出资金等选择。采取这些措施可以帮助退休人员避免经济压力，并确保他们能够在年老时得到所需的护理。

通货膨胀：

随着时间的推移，退休储蓄可能会因通货膨胀而贬值，这会严重影响退休人员的购买力。为了缓解这种影响，早期退休人员需要投资于产生超过通胀的回报的资产。这类资产可以包括股票、房地产和大宗商品。通过投资这些资产，退休人员可以确保他们的储蓄以与通货膨胀率相匹配或超过通货膨胀率的速度增长，这有助于他们保持生活水平和经济独立。因此，对于退休人员来说，仔细考虑他们的投资策略并寻求专业建议以帮助他们做出明智的决定是很重要的。

长寿风险：

随着医疗保健和技术的不断进步，人们的寿命比以往任何时候都长。虽然这对寿命和生活质量来说是个好消息，但在退休计划方面也带来了新的挑战。由于退休基金需要持续更长的时间，提前退休的人必须特别谨慎，以免超过他们的储蓄。这需要仔细规划和预算，考虑到潜在的医疗成本、通货膨胀和其他可能影响退休后财务稳定的因素。个人可以通过勤奋和积极的退休计划来确保自己和亲人有一个舒适和安全的未来。

提前退休计划提供了许多好处，如经济保障、灵活性和安心。然而，它也涉及权衡和潜在的挫折。尽管如此，只要深思熟虑、谨慎的财务管理和金融专业人士的指导，个人就可以应对这些挑战，享受充实的退休生活。提前退休计划是对一个人未来福祉的投资，让退休之旅变得舒适愉快。

财务规划的价值：

管理自己的财务是过上充实生活的重要组成部分。财务规划使个人能够控制自己的资源，规划未来，实现自己的抱负。当一个人的社会和家庭圈子里的人参与财务规划时，会促进共同的财务稳定和幸福感。

财务规划包括几个要素：预算编制、储蓄、投资和设定财务目标。它是实现一个人的希望和梦想的指南，无论是买房、接受高等教育、舒适地退休还是经济独立。有效的财务规划使个人能够应对紧急情况或经济衰退等不可预见的情况。此外，它还培养了负责任的理财习惯，有助于个人和家庭的繁荣。

我现在想探讨的一个特别主题是向你们生态圈中的人传播金融智慧。人们显然希望他们所爱的人像他们一样成功，所以我为你准备了一份有凝聚力的清单，如果你想帮助别人，可以在你的生活中使用：

鼓励财务规划：

以身作则：当谈到激励他人参与财务规划时，以身作则可能是最有效的方法。展示负责任的理财习惯，如制定预算、储蓄和投资，可以成为你的朋友和家人的强大动力。例如，你可以分享你管理财务的个人经验，你面临的挑战，以及你是如何克服这些挑战的。你也可以提供对你有用的实用技巧和窍门，比如制定储蓄计划或管理债务。通过这样做，你可以鼓励他人掌管自己的财务，帮助他们实现财务目标。

利用技术：在当今快节奏的世界里，管理财务可能是一项具有挑战性的任务，尤其是对于生活繁忙的人来说。然而，随着财务规划应用程序和工具的出现，预算编制、费用跟踪和财务目标进度监控变得比以往任何时候都容易。这些用户友好的工具旨在简化财务管理，使每个人都能更方便地使用和参与财务管理。根据我个人的经验，使用财务规划应用程序已经改变了游戏规则。这些应用程序可以帮助你划分日常任务，节省宝贵的时间。你可以轻松地设定预算，跟踪你的支出，并监控你实现财务目标的进展。这些应用程序还提供有价值的见解和建议，帮助您做出更好的财务决策。

通过鼓励使用财务规划应用程序和工具，我们可以帮助人们控制自己的财务，更有效地实现财务目标。这些工具是任何希望高效、轻松地管理财务的人的必备工具。

强调长期利益：深入财务规划领域是一项努力，它可以提供延伸到未来的丰厚回报。这一细致的过程超越了简单的预算编制；这是关于构建一个全面的战略，为财务健康和个人成就奠定基石。这种方法的核心在于大大减轻压力。知道每一美元都有入账，债务、储蓄和投资都在用心管理，会给人一种深刻的平静感。这在财务上相当于清理——一个整洁有序的财务计划可以让人安心，就像一个干净有序的家一样。一个结构良好的财务计划可以加强一个人的经济防御。它为意外开支提供了缓冲，确保紧急情况能够在不破坏财务稳定的情况下度过。有了一个坚实的计划，退休可以成为一段舒适而非担忧的时期，金融紧急情况可以从潜在的灾难转变为可控的不便。也许最令人信服的是财务规划为一个人的愿望打开大门的方式。无论是买房、环游世界、资助教育还是创业，战略财务计划都是一个蓝图，规划如何实现这些梦想。它优先考虑目标，概述实现目标的必要步骤，并设定成功的时间表，从而将模糊的梦想变成可实现的目标。通过积极参与财务规划，个人掌握自己的财务叙事，将其引导到自己想要的未来。这是一个需要纪律和远见的过程，但承诺了一种赋权感。随着每一个财务决策都与一个人更广泛的人生目标相一致，实现这些愿望的旅程变得更加清晰和直接。

一个稳健的财务计划的连锁反应远远超出了一个人的银行账户。这可能意味着孩子们得到更好的教育，有更多的休闲和个人成长机会，甚至可以将遗产延伸到慈善领域。从本质上讲，勤奋的财务规划实践可以重新定义一个人的人生轨迹，提供一个框架，在这个框架内，一个人最珍视的人生目标可以蓬勃发展，并最终实现。

财务反映：接受以预算为重点的思维方式是迈向金融稳定的有力一步。首先给自己一个公开评估财务状况的空间。反思你的消费习惯、支出和收入，不要做出判断——这种自我对话对于了解你的财务健康状况至关重要。

鼓励自己探索各种可以优化预算的策略。这可能包括研究旨在提高储蓄和支出效率的财务管理资源或工具。考虑设定具体、现实的财务目标，与你的个人愿望和生活方式相一致。

通过承认在财务问题上自力更生的价值，你可以让自己掌控自己的经济福祉。让自己确信，寻求知识是完全可以接受的，迈向财政知识的每一步都是进步。有了耐心和奉献精神，你将带着代理感和信心度过你的财务之旅。

财务规划是个人和家庭幸福的基石。鼓励生态圈内的其他人参与财务规划可以实现共同的财务目标、提高财务知识和集体财务安全感。通过以身作则，促进公开对话，提供资源和支持，你可以激励身边的人进行财务规划，最终让所有人都能在财务上更加安心。在开始财务规划之旅时，关键是要毫不拖延地开始。第一步，也许也是最关键的一步，是评估一个人目前的财务状况。

这包括认真审视收入、债务、支出和储蓄——诚实清晰地列出数字。了解一个人的财务状况是建立一个坚实计划的基础。一旦建立了理解的基础，下一阶段就是制定明确的、可实现的目标。这些目标可能包括短期目标（如度假储蓄）和长期目标（如退休）。设定目标的行为类似于在导航应用程序中设定目的地；它为未来的旅程提供了方向和目标。有了目标，制定预算就成了实现目标的工具。预算是一种动态工具，它不仅仅用于跟踪支出。它将资源分配给不同的优先事项，确保基本要素得到满足，同时稳步削弱长期目标。这可能涉及削减非必要支出或寻找增加收入的方法，所有这些都是为了创造盈余，将其用于储蓄和投资。

投资是该计划获得动力的地方。无论是通过雇主赞助的退休计划、股市投资还是其他方式，我们的想法都是把钱投入到工作中。复利随着时间的推移的力量怎么强调都不为过，即使是定期投资的小额资金也会显著增长，这要归功于收益产生更多收益的滚雪球效应。

随着计划的进展，定期报到并进行调整是很重要的。生活不是一成不变的，财务计划也不应该是一成不变的。收入的变化、意外开支或财务目标的转变都需要对计划进行审查和潜在的重新调整。这些定期检查是为了确保财务计划能够满足个人不断变化的需求而进行的调整。

在监测和调整计划的同时，对自己进行财务健康教育也是至关重要的。从了解税法到了解投资策略，金融知识是一笔强大的财富。它使一个人有能力做出明智的决定，并有信心抓住与财务目标相一致的机会。在整个旅程中，耐心是一种美德。积累财富或实现金融稳定并非一蹴而就；这是一段时间以来持续的、深思熟虑的行动的结果。坚持到底，即使眼前的结果似乎难以捉摸，也往往会带来最令人满意的结果。启动一个财务计划就是牢牢掌控自己的财务未来。这是关于做出今天的选择，着眼于明天的利益。一个人所采取的步骤，无论多么微小，都会开始一个变革的过程。通过定期参与和对财务健康的承诺，财务规划之旅可以是一次有回报的冒险，最终带来一个财务安全和个人梦想实现齐头并进的未来。

导航和缓解时间：

生命是一份珍贵而有限的礼物，然而，我们很少知道我们在地球上还有多少时间。我们剩余日子的不确定性应该有力地提醒我们，每一刻都是无价的，激励我们充分利用时间，为自己创造一个安全的未来。我想深入探讨有目标地生活和规划未来的意义，无论我们的生活如何不确定。

我将对你坦诚相待。事实是，我们谁也无法预测我们在这个世界上剩下的天数、月数或年数。虽然这种不确定性可能会灌输恐惧或焦虑，但它应该激励我们带着紧迫感生活。认识到生命的无常促使我们优先考虑真正重要的事情，追求我们的激情，并与他人建立有意义的联系。这种对生命脆弱性的认识迫使我们为一个安全的未来做计划。我们知道时间是有限的资源，拖延会导致错过机会和后悔。特别是财务安全变得至关重要，因为它为意外事件提供了安全网，为实现我们的梦想奠定了基础。

财务规划包括设定明确的目标、明智地制定预算和努力储蓄。它要求我们不仅要考虑我们的眼前需求，还要考虑我们的长期愿望，如退休、教育或拥有住房。通过提前计划，我们确保我们能够以韧性和信心面对生活的不确定性。

创造一个安全的未来也超越了财务。它包括我们的身心健康，这是我稍后将探讨的主题，我们的关系和个人成长。它要求我们优先考虑健康，与所爱的人建立有意义的联系，并不断投资于自我改善。

有目标的生活和对未来的规划不是停留在死亡上，而是拥抱生命的美丽和无限的可能性。这是关于珍惜当下，同时采取积极措施，确保明天更加光明。这是关于把我们的梦想变成现实，而不是等待一个可能永远不会到来的更合适的时机。

我们在地球上剩余时间的不确定性应该成为有意图地生活和创造安全未来的强大催化剂。拥抱生命的无常迫使我们充分利用每一刻，追求梦想，并优先考虑经济和个人健康。通过这样做，我们尊重生命的礼物，并确保我们在这个星球上的时间有意义、有目的地度过，留下的遗产将在我们离开后长期存在。

自我评估：

这是我发现自己非常需要改进的地方。把它想象成一种持续的平衡行为，你必须不断地让自己与生活中不断变化的环境保持一致。

当涉及到负责任的财务规划时，评估你的生活方式和财务需求至关重要。这包括仔细检查你的现状，并对你的未来做出明智的决定。通过审视你的情况，你可能会意识到你需要更多的时间来建立一个经济安全的未来。

当我们在生活中旅行时，我们的环境、目标和优先事项都会发生变化。定期评估我们当前的生活方式和财务选择是否符合我们的长期需求和目标是很重要的。这个过程既让人感到谦卑，也让人感到赋权，因为它帮助我们了解我们是否有足够的时间来确保财务稳定的未来。

要进行全面的生活方式评估，你必须制定明确的财务目标。你希望在短期和长期内完成什么？这些目标可能包括买房、支付教育费用、计划退休或实现经济独立。通过设定具体目标，您可以清楚地了解自己想要实现的目标。另一个重要的考虑因素是你目前的消费习惯。你是量入为出，还是超支了？检查你的支出可以揭示你可能需要调整生活方式以符合财务目标的领域。这样的改变可能很困难，因为它们可能需要你牺牲眼前的满足感来换取未来的安全。评估你的生活方式可能会发现，在建立一个经济安全的未来时，时间并不在你身边。例如，如果你快到退休年龄了，但还没有存足够的钱，那么迎头赶上可能非常具有挑战性。

在这种情况下，探索其他策略很重要，比如延长工作时间、裁员或寻求专业的财务建议，以充分利用剩下的时间。

然而，重要的是要记住，采取行动总是值得的，即使你认为自己没有足够的时间。无论何时开始，迈向财务安全的每一步都很重要。

今天的微小变化会对你的未来产生重大影响。金融安全不仅仅是积累财富；这也是关于明智地管理你的资源，量入为出。

评估你的生活方式和财务需求是负责任的财务规划的关键一步。它使你能够使你的目标与你当前的情况相一致，并对你的未来做出明智的决定。即使你面临时间限制或挑战，采取措施确保财务安全永远不会太迟。财务健康之旅始于自我意识和充分利用现有资源和时间的承诺。

获得安全性：

到目前为止，我们讨论的所有主题都得出一个结论：一个人必须实现一个财政安全的未来。确保财务健康的未来是一项多方面的努力，不仅仅是省钱和明智的投资。它涉及一种包括各种做法的方法，其中最关键的是保持良好的健康。这是我最近才发现的。你的健康和经济安全之间的联系比你想象的要牢固得多。我们现在将探讨健康和经济安全之间的共生关系，揭示平衡和有意识的生活方式的重要性。

经济保障是许多人的共同目标，但重要的是要认识到，健康状况不佳的人无法充分享受劳动成果。健康往往是生活的所有其他方面，包括经济福祉的基础。以下是一些有助于确保财务健康未来的关键做法：

优先考虑健康和健康：

保持良好健康不仅仅是一项一次性任务，而是一个应优先考虑的持续过程。它涉及几个因素的组合，如定期锻炼、均衡饮食、充足睡眠和有效管理压力。参加慢跑、游泳或骑自行车等体育活动可以促进身体健康，释放内啡肽，有助于提振情绪，降低焦虑水平。由水果、蔬菜、全谷物、瘦蛋白和健康脂肪等营养食品组成的均衡饮食为你的身体提供了最佳功能所需的营养。充足的睡眠对保持你的精神和身体精神抖擞至关重要。压力是影响你身心健康的一个常见因素。冥想、瑜伽或深呼吸练习等压力管理技巧可以帮助降低压力水平，促进放松，改善整体健康。通过这些生活方式的选择来投资于你的健康，你可以降低未来昂贵的医疗费用的风险，这会严重影响你的财务资源。

健康保险：

在我们规划财务时，重要的是要考虑到拥有足够的医疗保险覆盖范围的重要性。它不仅提供经济保护，还确保在发生医疗紧急情况或长期健康状况时获得基本的医疗服务。

这可以避免我们产生沉重的医疗费用，并防止我们来之不易的金融资产因不可预见的医疗成本而流失。

预防性护理：

采取积极主动的措施来保持健康对于防止潜在的健康问题变得更加严重和昂贵至关重要。这包括定期检查、筛查和接种必要的疫苗。通过优先考虑预防性护理，您可以确保身心健康，并从长远来看有助于控制医疗费用。

保持工作与生活的平衡：

在当今快节奏的世界里，忙于繁忙的工作很容易，通常会导致长时间工作和慢性压力。不幸的是，这会对你的身心健康产生不利影响。

因此，努力实现健康的工作与生活平衡对于降低压力、防止倦怠和确保整体健康很重要。保持平衡的生活意味着对你的个人生活和职业生活给予同等的关注。腾出时间进行休闲活动、爱好以及与朋友和家人社交是很重要的。

此外，确保你有足够的睡眠、定期锻炼和健康饮食，对保持健康的生活方式有很大帮助。通过努力实现健康的工作与生活平衡，你可以在不牺牲健康的情况下享受经济成功的好处。记住，照顾好自己应该永远是首要任务！

应急基金：

建立应急基金是每个人都应该养成的重要理财习惯。为医疗紧急情况等意外开支留出储蓄的重要性怎么强调都不为过。事实上，拥有应急基金可能是避免债务和陷入债务之间的区别，也可能是坚持财务目标和使其脱轨之间的区别。

通过定期为紧急情况留出资金，你可以更好地准备应对不可预见的情况，而不会影响你的财务稳定性或长期愿望。因此，无论你的收入水平或财务状况如何，都要确保将建立应急基金作为你整体财务计划的重要组成部分。

长期护理规划：

随着年龄的增长，需要长期护理的可能性增加。在这种情况下，通过长期护理保险或其他安排提前计划可以提供安全感，并确保我们有必要的资源来维持我们的生活质量，而不会耗尽我们的积蓄。长期护理保险单通常涵盖一系列服务，包括洗澡、穿衣和吃饭等日常活动的帮助，也可能涵盖家庭医疗保健或疗养院的护理。

重要的是要仔细考虑各种选择，并选择符合我们具体需求和预算的政策。通过采取积极措施计划长期护理，我们可以帮助确保我们为未来可能出现的任何潜在挑战做好充分准备。

残疾保险：

残疾保险是一种在您因严重疾病或受伤而无法工作时提供经济支持的保险。这种类型的保险非常有价值，因为它可以帮助你保持财务稳定，并在充满挑战的时期支付生活费用。残疾保险单的承保范围可能有所不同，因此仔细审查您的选择并选择符合您需求和预算的保险单很重要。一些政策可能涵盖短期残疾，而另一些政策可能提供长期保障。此外，您获得的保险金额将取决于几个因素，如您的职业、收入和健康状况。总的来说，残疾保险是一项需要考虑的重要投资，因为如果你因残疾而无法工作，它可以提供安心和经济保障。

用心消费：

注意消费是一种财务实践，需要仔细考虑你的消费习惯。它包括有意识地选择你的钱花在哪里，并花时间区分你的需求和愿望。

注意支出也意味着将你的支出与你的财务目标和价值观相一致，这需要对这些目标和价值有清晰的理解。

这种做法可以帮助你加深对金钱价值的认识，并使你能够更好地决定如何使用金钱。通过注意你的支出，你可以创建一种更可持续、更负责任的财务管理方法，最终实现更大的财务稳定性和安全性。

在我们结束这场讨论时，重要的是要强调，建立一个安全的金融未来的关键不仅仅是积累财富。相反，这也是关于采取措施保持良好健康。

生活的这两个方面错综复杂地联系在一起，相辅相成。因此，通过参与健康实践、确保足够的保险范围和寻求预防性护理来优先考虑你的健康是至关重要的。通过这样做，你不仅可以保障你的身心健康，还可以确保你的财务稳定。将这些实践融入你的日常生活将有助于确保你来之不易的资源在繁荣和健康中得到享受，创造一个充实和安全的未来。

第九章：把自己交给世界

我们已经达到了我希望在本书中传达的信息的顶峰：世代智慧的概念，并将其传递给子孙后代。世代智慧是我们在本书中讨论过的所有不同类型智慧的结晶。当我们即将结束这段旅程时，重要的是要了解世代智慧所带来的不同影响。

可以推断，世代智慧是Legacy的同义词。但问题来了，

遗产的定义

遗产是一个有趣的概念，在整个人类历史上一直是一种驱动力。它是我们的行动、价值观和贡献的集体影响的产物，这些影响在我们离开后很长一段时间都存在。遗产是一个人离开这个物质领域后会留下的东西。它就像一块隐喻性的墓碑，上面写着："我在这里。"我们留给子孙后代的遗产是我们一生中建立的行动、思想和价值观的副产品，是我们希望看到子孙后代如何行事的指南。

然而，遗产不仅仅局限于个人身份和家庭遗产。它涉及人类生存的各个方面，从社会进步和全球变化到文化和艺术表达。它反映了我们的过去，塑造了我们的现在，并有可能影响我们的未来。遗产的意义在于它能够激励和激励个人以对社会和整个世界产生积极影响的方式行事。通过遗产，我们可以留下超越时间和世代的持久影响。

把价值观传下去可以比作把自己的一部分交给后代。这些片段不是身体上的，而是态度、信仰和性格特征，它

们共同构成了你的身份。当你传递价值观时，你就是在与那些追随你的人分享你是谁的本质以及你所代表的东西。当我们走向这本书的结尾时，我们发现自己正处于一个深刻的价值观智慧和遗产艺术交汇的时刻。前面的章节是一次穿越复杂的生活迷宫的旅程，充满了教训和见解。现在，当我们反思传承我们的价值观的重要性时，我们遇到了一个知识和指导的宝库，它有可能丰富我们的存在和跟随我们的人的生活。

公平以其永恒的智慧提醒我们，它是搭建桥梁的基础，而不是障碍。它促使我们意识到，道德行为应该是我们的指南针，不仅在我们的童年，而且在我们的一生中指导我们的活动。公平要求我们在对待他人时始终如一，意识到每个人在生活的大舞台上都扮演着独特的角色，值得尊重和平等。它提醒我们，通往公平的道路是一辈子的旅程，需要我们在与他人打交道时始终努力争取正义和同情。当我们在生活的马赛克中导航，适应我们生活的各种景观时，公平是一个不断发展的理念。随着我们的成熟，当我们与知识的困难作斗争，当我们向他人伸出双手，传递同理心、理解和尊严的礼物时，它变成了一面镜子，反映了我们性格的深度。当我们经历生活的曲折时，我们的公平感会增强，这说明了平等和同情的价值观是如何塑造我们的性格的。这是对终身自我反思和进步的呼吁，促使我们在一个多样化和不断变化的世界中不断增强对正义的理解。

公平是和谐的音符，在生命的交响乐中回响，将几代人团结在一起。它强调了这样一个事实，即我们共同的人性是一个连续体，提醒我们，我们创造的遗产是用正义的丝线精心编织的，将我们与过去联系起来，将我们锚定在现在，并将我们与未来联系起来。《公平》是一首超越时间的永恒之歌，将许多时代的故事融合成一首跨越几代人的统一而公正的交响乐，敦促我们在不断寻求和平生活的过程中拥抱这些理想。它敦促我们看到正义的永恒意义，以及它在历史不断变化的织锦中团结人民方面所发挥的作用。

有尊严地对待人是道德行为的一个基本方面，也是一个人性格的基石。尊严包括承认和尊重每个人的内在价值和价值。这意味着承认每个人，无论其年龄、社会经济地位或环境如何，都应该受到尊重和荣誉。维护他人的尊严是对我们承诺承认我们遇到的每个人身上的人性的肯定。

尤其是在与老年人的互动中，维护他们的尊严至关重要。对一些人来说，他们的尊严可能是他们在这个世界上剩下的全部。以善意、耐心和尊重的态度对待他们不仅维护了他们的尊严，也积极地反映了你的性格。这表明你重视他们带来的智慧和经验，并承认他们的持续意义。这是一种深刻的同理心和同情心，肯定了他们在生活中的价值。

当考虑到那些贫穷、无家可归或面临社会经济挑战的人时，对尊严的承认成为一种强大的平等力量。它通过确保每个人，无论其情况如何，都能保持自豪感和自我价值，从而公平竞争。通过承认他们的尊严，你有助于创造一个环境，让每个人都得到公平和公正的对待，并维护他们的内在价值。这反过来丰富了你的性格，有助于建立一个更加富有同情心和公正的社会，使你的遗产更有意义。

分享行为是我们人性的深刻体现。它可以表现在一种谦逊的奉献中，比如分享一点食物，或者表现在为更大的利益分配资源的盛大姿态中。分享不仅仅是一种功利行为；

这是我们致力于建立联系并为他人提供生命线的宣言。分享的荣誉，尤其是在不方便的时候，才有最深刻的意义。我们，作为这个世界的管理者，通过我们的慷慨，掌握着塑造宇宙的力量。当我们走出舒适区，确保互惠互利时，我们的生活就会丰富起来。在这些慷慨捐赠的时刻，我们不仅会影响个人的生活，而且在更大范围内实践时，会引发善意的涟漪，有可能改变我们的生存景观。正是在这种高尚的分享行为中，我们的遗产才真正熠熠生辉。

家庭，这种亲密的关系圈，在我们的生活中占据着独特而不可替代的空间。正是在家庭爱情的怀抱中，我们遇到了我们价值观最纯粹的体现。家庭是信任、牺牲和坚定支持的复杂来源，在我们的一生中错综复杂地交织在一起。那些为我们辛勤工作的人，那些以坚定不移的奉献精神关心我们的人，理应在我们心中占有极其重要的地位。

在培育家庭纽带的过程中，我们不仅强化了定义我们的价值观，而且巩固了我们的遗产。正是通过这些联系，我们传达了我们原则的精髓和我们希望传承的遗产。在许多方面，我们的家庭是我们价值观的活生生的证明，是我们所珍视的理想的反映。照顾我们的家庭不仅仅是一种义务；这是一种特权。它加强了我们的存在，强化了我们打算给予的遗产。

当我们思考我们寻求创造的遗产时，我们也必须关注我们的个人成长和进化。对知识和个人发展的追求应该是终身的承诺。

通过不断的学习和突破我们理解的界限，我们开始了解自己的思想和指导我们生活的价值观。

要成为一个能够实现变革并成为我们家庭和周围人的引导力量的领导者，我们必须不断质疑自己是否忠于自己。在这个不断自我发现和个人成长的旅程中，我们不仅塑造了我们的遗产，还塑造了我们向世界展示的形象。随着我们的不断发展，我们的价值观和坚持的原则仍然处于最前沿，在我们驾驭错综复杂的生活时为我们提供指导。

我们留下的遗产不仅是我们财产的总和，也是我们所体现的价值观的证明。这反映了我们对公平的承诺，我们对分享的奉献，我们对家庭纽带的培育，以及我们对个人成长的不懈追求。当我们踏上旅程的最后一条道路时，让我们记住，我们的遗产不仅是给我们的，也是给所有追随我们的人的，他们将我们的价值观火炬传递到一个不确定的未来。

核心价值观的好处：

将价值观代代相传是一项重要的努力。它涉及信仰、原则和道德标准的传递，这些信仰、原则、道德标准塑造了家庭或社区中个人的性格和行为。这一过程不仅确保所珍视的价值观的延续，而且有助于整个社会的道德和伦理发展。

你有没有发现自己处于一个充满挑战的境地，必须在成为权威人物和好的倾听者之间做出决定？这是一个艰难的决定，但必须在两者之间取得平衡，以维持结构和秩序，同时在环境中培养价值观。在本次讨论中，我们将探讨为什么知道何时负责和何时倾听至关重要。让我们从探究威权主义的作用开始。成为一个独裁主义者就像是一艘船的船长，指引它驶向目的地。它包括制定规则和界限，并确保每个人都遵守这些规则和界限。虽然这种严格性对于确保有效执行基本任务和保持纪律是必要的，但它要求领导者对自己的原则和价值观有信念。一个坚定信念的强有力的领导者可以激发人们对他们所领导的人的信任和信心。

另一方面，倾听就像是指引船长的指南针。它促进了开放的沟通、同理心和理解。当个人感到被倾听和被重视时，他们更有可能合作并为环境做出积极贡献。倾听可以融合不同的观点，从而改善决策和解决问题的能力。

百万美元的问题是——我们如何找到正确的平衡？在独裁和善于倾听之间取得平衡是有效领导者所具备的技能。在需要立即采取行动并遵守规则的情况下，具有权威性至关重要。这可能发生在紧急情况、关键决策或维持秩序至关重要的时候。另一方面，当目标是培养价值观和促进合作时，成为一个好的倾听者是至关重要的。它使领导人能够了解他们所领导的人的需求、关切和愿望，从而创造一个更加和谐和包容的环境。

知道什么时候该做一个独裁主义者，什么时候该成为一个好的倾听者，这一点至关重要。找到这种平衡有助于创造一个维护价值观、确保稳定、促进增长和成功的环境。无论你是船长还是团队的领导者，都要记得坚定地掌舵，以开放的心态倾听。

让我们更深入地研究如何成功地将价值观代代相传。

从我们所学到的在生活中取得平衡的经验来看，传递价值观的最有效方法之一是通过以身作则的个人示范。孩子和年龄较小的家庭成员通常通过观察长辈的行为和行为来学习。言行一致至关重要。因此，按照你希望灌输给下一代的价值观生活是至关重要的。通过这样做，你可以激励和引导年轻一代过上更高尚、更充实的生活。

在年轻一代中灌输价值观对改善社会至关重要，讲故事和轶事是在这方面有帮助的有力工具。个人故事、家庭轶事或文化或遗产故事可以用来说明某些价值观的意义。叙事能够使价值观变得相关和令人难忘。因此，重要的是在家庭或社区内创造一个开放和诚实的沟通环境，在这里可以讨论价值观、信仰和道德困境。家庭传统和仪式对于强化价值观也至关重要。它们提供了实践价值观和加强家庭纽带的机会，同时促进积极性。这些传统可以是任何东西，从一家人一起做志愿者或庆祝文化节日，到参与善举。这些仪式有助于巩固价值观在我们日常生活中的重要性，并将其灌输给子孙后代。例如，作为一个家庭一起做志愿者，不仅教会了回馈社区的价值，也教会了无私和同理心的重要性。通过举办文化节，我们可以了解不同的文化，尊重多样性，促进包容性。同样，参与善举，如向慈善机构捐款、帮助穷人或只是善待他人，都会强化同情、善良和慷慨的价值观。

因此，创造和实践围绕价值观的家庭传统对于促进积极行为和为我们自己和子孙后代塑造更美好的未来至关重要。正是通过这些传统和仪式，我们创造了持续一生的记忆，加强了我们的联系，并强化了价值观在日常生活中的重要性。

为了培养一代能够对自己的价值观及其更广泛的含义进行批判性思考的人，鼓励一种探究、表达意见和探索某些价值观背后推理的文化至关重要。这种批判性思维过程使个人能够真正内化价值观，而不是将其视为毫无疑问的法令。解开各种价值观的推理和含义，可以让年轻人对自己的世界和塑造世界的价值观有更深刻的理解，使他们能够应对复杂的道德挑战，并做出与自己的价值观和原则产生共鸣的决定。

在我们生活的织锦中，不同的价值观影响着我们的思想、行动和行为，伴随着固有的期望和界限。阐明和分享符合家庭或社区价值观的行为和行动是必不可少的。它阐明了每个成员的预期行为，营造了一个期望明确的环境，并在这些期望动摇时保持问责制。这是营造一个健康、积极的环境的基础，因为它让个人意识到自己行为的后果，并鼓励符合社区或家庭价值观的行为。

随着社会和文化景观的演变，反思和适应是必不可少的，有可能重塑我们珍视的价值观。定期评估我们传递的价值观的相关性和重要性至关重要，要在不忽视其所代表的核心原则的情况下，开放地适应这些价值观。这种警惕性和灵活性确保了价值观的传递，这些价值观在不断变化的时代中仍然具有相关性和意义。这一正在进行的传授价值观的过程跨越了几代人，要求自我反思、对话，并致力于与自己的价值观和谐相处。它促使人们讨论家庭和社区的最佳做法，以维持和丰富其宝贵的价值观，从而加强社会的伦理和道德结构。家庭单位是社会的基石，强大的家庭价值观是和谐和有弹性的家庭结构的基石。这些价值观引导行为，加强人际关系，并灌输目标感和归属感。打造强大的家庭价值观是　种有意识的、持续的努力，需要意向性、对话和奉献精神。这些价值观的制定首先要确定和定义对家庭至关重要的核心信念和原则，如诚实、尊重、同理心、责任、善良和信仰。

家庭是不同的，反映了他们独特的文化、宗教和个人背景，因此向后代传递价值观对于建立有凝聚力和强大的家庭单位和社区至关重要。踏上这段旅程需要对你渴望传播的核心价值观进行深思熟虑的反思和定义——诚实、正直、同理心、尊重、善良和责任感等原则。反思塑造你的信仰和传统，旨在将这些价值观融入日常生活，从而积极维护和倡导支撑家庭或社区福利的价值观。

灌输家庭价值观的关键在于公开、真实的沟通。鼓励家庭对话，表达每种价值观的意义，以及它与家庭身份和目标的关系。通过邀请所有家庭成员提出问题和贡献，培养主人翁意识和理解力。

通过建立反映你价值观的传统，强化家庭价值观也是一个统一和愉快的过程。例如，作为一个家庭，志愿服务不仅有利于社区，而且培养同理心和责任感。这些传统创造了持久的记忆，强化了你的价值观。

价值观不仅表现为抽象的概念，而且是家庭身份的生动体现。因此，描述反映家庭价值观的行为和行为会设定明确的期望和界限。坚持这些原则可以确保您家庭的独特身份得到保护。

强大的家庭基础的核心是同理心和尊重，理解和联系彼此的感受和观点至关重要。鼓励相互尊重的对话、认真倾听和和平解决冲突，创造一个让每个成员都感到被倾听和被重视的良好环境。

庆祝反映家庭价值观的行为强化了这些原则。认可并赞扬体现你价值观的具体行动，可以激励你继续遵守这些标准，并将其更充分地融入日常生活。

此外，建立强大的家庭价值观的旅程不能孤立地进行。

从导师、辅导员或精神领袖那里寻求智慧可以提供支持和洞察力。与志同道合的家庭接触可以培养共同的归属感。这种在培养家庭价值观方面的深思熟虑和持续努力留下了道德指导、韧性、团结和爱的遗产，不仅造福于家庭，也造福于整个社会。

核心价值观是定义我们本质、影响我们行为并指导我们在个人和职业生活中做出决策的基本信念。作为我们良知的指南针，这些价值观指导着我们的互动、生活选择和对挑战场景的处理。虽然核心价值观在个人、家庭或文化中可能存在很大差异，但它们普遍通过诚实培养可信度，通过同情和同理心建立有意义的关系，并支持道德决策和问责制，尤其是在艰难的情况下。与我们的核心价值观保持一致的生活丰富了我们的生活，加强了我们的纽带，支持了我们的抱负，为我们提供了信心和稳定性，以我们的信仰和原则作为坚定的向导，面对生活的起伏。

诚信作为一种核心价值观，是诚实和道德毅力的体现。这是一种赢得信任、巩固关系、提高声誉的特质，有助于个人和职业发展。诚信产生信任，从而建立更牢固的个人和职业纽带。它还建立了积极的声誉，为新的机会敞开大门，鼓励积极的社会互动。此外，正直的生活提供了内心的平静，使我们免于与欺骗和违反道德规范有关的混乱。总而言之，诚信是有回报的生活的基石，可以增强可信度、声誉和内心的平静。

诚实是基本价值的支柱，在所有互动中都要求诚实和开放。诚实超越单纯的讲真话；这是关于过一种以道德原则为基础的生活。诚实是信任的基石，是建立深厚持久关系的基础。它还通过消除保持外表的需要来缓解压力，从而促进内心的平静与和平。此外，诚实是道德决策不可或缺的一部分，让个人能够自信地做出选择，因为他们知道这些选择反映了正直、公平和正义。总之，诚实通过培养信任、最大限度地减少压力、支持道德决策、加强牢固的关系和正直的社区价值观来丰富生活。尊重是一种价值不可估量的价值，包括以善意、体贴和尊重的态度对待他人。它是积极的人类互动的基础，导致个人感到被尊重、被倾听和被认可的环境。

表现出尊重可以显著改善关系，为信任奠定基础，并促进友好沟通。它在解决冲突方面也至关重要，使分歧能够得到优雅和建设性的处理。此外，尊重是包容性的代名词，因为它欢迎多样性并促进公平待遇，从而建立团结和归属感。因此，尊重对于培养积极互动、友好解决冲突和倡导包容性是必不可少的。

责任就是对我们的行为负责，认真履行我们的义务。它是个人发展的基础，因为承认我们的失误会带来学习和自我提升。那些承担责任的人被视为值得信赖和尊敬的人，通常表现出强大的解决问题的能力和积极主动的决策方法。这一特点对于及时有效地解决问题至关重要。从本质上讲，责任通过问责制和纪律塑造了一个人的性格，使其成为个人诚信和社会尊重的关键组成部分。

同理心是一种特别强大的价值观，使我们能够理解和分享他人的感受。它加深了我们的联系，提供了情感支持，可以将关系固化为强大而真正丰富的东西。同理心在解决冲突中也是不可或缺的，因为它能促进理解和妥协，从而找到共同点，达成和平解决方案。一个高度重视同理心的社会本质上更具同情心和包容性，承认并回应将我们所有人联系在一起的共同人性。

同情心，即对他人痛苦的本能同理心，向外辐射，迫使我们采取行动减轻痛苦。它驱使我们参与善意，无论是通过盛大的姿态还是简单的行为，增强我们的目标感和情感幸福感。同情培养宽容，减少偏见，使我们能够超越分歧，拥抱多样性，从而建立一个人人受到重视和尊重的社会。

毅力，即在逆境中坚定地追求目标，有助于取得成就，培养韧性，增强自我效能。这不仅仅是一个持久的问题，而是一个明确目标和坚定不移地致力于实现目标的问题。这种坚韧不仅能实现抱负，还能增强我们的精神，让我们以坚定和持久的乐观态度迎接生活中不可避免的挑战。

感恩，对我们所经历的美好事物的衷心认可，是一种变革。经常练习感恩能丰富我们的生活，增进身心健康。它培育了积极的关系，并加强了我们与他人的联系。感恩也是抵御心理健康挑战浪潮的堡垒，有助于过上满足和平静的生活。

这些基本的核心价值观——正直、诚实、尊重、责任、同理心、同情、毅力和感激——不仅仅是语言，而是我们性格的本质。它们塑造我们的身份，指导我们的行动，并影响我们留下的遗产。通过接受这些价值观，我们不仅改善了自己的生活，而且有助于创造一个更加理解、善良和有韧性的世界。这些价值观将我们彼此联系在一起，培养共同的人性和对更大利益的集体追求。

接受这些价值观会对我们的人际关系、心理健康和我们生活的社区产生连锁反应。例如，诚实和正直会培养信任，这对健康的人际关系至关重要。同理心和同情心使我们能够在更深层次上与他人建立联系，并建立强大的、支持性的社区。责任和毅力有助于我们以坚韧和决心实现目标，克服生活中的挑战。

践行核心价值观是个人的选择，也是推动社会积极变革的强大力量。当我们按照自己的价值观生活，并为他人树立榜样时，我们会激励他人也这样做，创造一种善良、同情和尊重的文化。最终，核心价值观的实践有可能改变社会，使其更加和谐、公平和富有同情心。

体现核心价值观：

价值观是将我们联系在一起的丰富多彩的镶嵌物，产生了相互联系和影响的美丽源泉，类似于因果报应的哲学思想，在因果报应中，我们的行为在宇宙中产生共鸣。让我们来看看一个坐落在连绵起伏的山丘中的迷人而可爱的小镇，每一个黎明都在那里为风景画上鲜艳的色彩。在这个可爱的避难所里住着格蕾丝，一位笑容灿烂的女士，她不仅仅是社区的常客；她是一股伟大的善意力量，是同情心和同理心的活生生的化身。

一个叫杰克的年轻人在一个幸运的日子来到城里，被美丽和简单的生活所吸引。杰克是一个旅行者，对这个地区陌生，被生活中不断挑战的重量压得喘不过气来，正在寻找一个可以称之为家的地方。他之前的经历使他变得不信任、谨慎和谨慎，迫使他与人保持情感距离。但是，正如命运所注定的那样，杰克的道路注定要与格蕾丝的道路交叉，正是在格蕾丝温暖的笑容中，他发现了一线希望。

格蕾丝拥有一份非凡的天赋：坚定的同情心，这是她一生无私善举所培养出来的。她相信谦逊、无私的善举的力量及其可能产生的连锁反应。她向杰克伸出了友谊和理解的手，给了他真诚微笑的温暖和体贴精神的倾听，希望照亮他的道路，就像照亮她的道路一样。格蕾丝只要求得到一件事作为回报："有机会的时候，把这份善意传给别人。"杰克起初对这种不同寻常的慷慨感到困惑，因为他已经习惯了一个善意往往是附带条件的世界。他不明白为什么有人会如此无私地慷慨而不想要任何回报。他仔细地观察着格蕾丝的活动和谈话，试图探究她理想的根源。他注意到她在每一个选择中都坚定不移的正直，在每一句话中都诚实，以及她对所有人的极大尊重，无论他们在生活中的地位如何，他像一个勤奋的学生一样吸收了这些尊重。

随着日子一天天变为几周，一周又一个月，杰克的内心开始发生了显著的转变。格蕾丝的DNA被注入了天使的一部分。格蕾丝的原则开始像一条舒缓的小溪一样渗入他的内心，在经历了漫长而艰难的冬天之后，他感觉自己仿佛沐浴在阳光的温暖中。她的同情和善意深深地渗透到了他的内心，轻轻地破坏了他长久以来的愤世嫉俗和怀疑。杰克不接受格蕾丝的原则，因为他不得不接受；他这么做是因为他真诚地想这么做。

格蕾丝的理想被杰克吸收了，并形成了自己的理想。他的转变是渐进的，但意义重大，就像一朵花缓慢而灿烂地绽放一样。他和格蕾丝一样，在社区中成长为仁爱之光。

他也开始热情欢迎新来者，为他们提供他所得到的同样的温暖和理解，认识到一次善举往往会改变一个人的生活。他也越来越相信简单的善举对世界的启迪具有巨大的潜力，就像蜡烛照亮黑暗的房间，消除怀疑和绝望的阴影一样。

连锁反应持续存在，创造了一个超越时间和地点的不断扩大的慷慨循环。那些受杰克新发现的理想影响的人都变了。他们也开始对他人表现出善意和同情，引发了强大的连锁反应，这是一首充满和平与友好的仁慈交响曲。这就像一首仁慈的交响乐，一个人的价值观可以协调整个社区的变化，一首优美的人类联系之歌，与每一个善举相呼应，类似于一首精心编排的交响乐的和谐。这个小村庄以前被定义为一种分离和孤立的感觉，现在是一个邻居互相照顾的地方，外来者受到张开双臂的欢迎，善良已经成为社区的货币。

在这个社区，分裂心灵的障碍已经瓦解，连接的桥梁已经搭建起来，每一个微笑和每一个善举都见证了理想的力量，从而实现长期变革。

在这个故事中，善良、同情和善意从一颗心流到另一颗心，就像因果报应的概念一样，每一个行动和每一个姿态都会引发连锁反应，最终改变了小镇和居民的生活，在社区的集体意识上留下了不可磨灭的印记。这个故事深刻地提醒我们，我们的价值观不仅仅是个人特征；他们有着非凡的力量来塑造我们周围的世界，创造出可以感动许多人生活的善业，就像池塘里的温柔涟漪远远超出了他们的起源，将善意的信息带到了最遥远的海岸。

在这一节中，当我们的探险接近尾声时，我们站在了深刻见解的十字路口。这些指导思想，或者说核心价值观，不仅仅是理论思想；它们构成了我们道德的基石。它们是我们态度、行为和信仰的指南针，尤其是在面临道德问题时。正直、诚实、尊重、责任、同理心、同情心、毅力、感恩和正直都为影响世界和我们自己的变革过程奠定了基础。

性格发展的本质

　　拥抱这些核心价值观代表着一种有意识和深思熟虑的选择，以塑造最好的自己。诚信是一个哨兵，守护着我们的行动，确保我们始终以原则性的诚实行事，即使道路被挑战和逆境所掩盖。诚实，往往超越了言语上的真实，需要对真实的行动和行为做出真诚的承诺。尊重是一项基本原则，它要求我们承认每个人的价值和尊严，无论他们在生活中的地位如何。责任迫使我们对自己的行为负起责任，并接受它们所带来的后果。

　　同理心就像一颗发光的指路明灯，召唤我们不仅要理解，还要真正关心他人的情绪和观点。同情心是善良和仁爱的生命力，它确保我们的行动充满温暖和关怀，反映出我们对周围人的奋斗和快乐的理解。毅力是坚定的决心之火，驱使我们在逆境和挫折中坚持下去，表明我们对目标的坚定承诺。感恩，对给予我们的祝福和机会的深刻感激，照亮了我们的道路，提醒我们周围的美丽。拥抱这些核心价值观会产生深远的连锁反应，在我们错综复杂的生活中产生共鸣。他们的影响延伸到我们的关系、心理健康和我们居住的社区。例如，诚实和正直可以培养信任，这是健康和稳固关系的基石。同理心和同情心反过来促进了与他人的深层联系，为强大的、支持性的社区奠定了基础。责任和毅力使我们能够以坚韧和坚定的决心克服生活中的挑战，向周围的人展示毅力的重要性。核心价值观的实践超越了理论；这是一种个人选择，它行使着推动社会积极变革的权力。当我们坚持自己的价值观并成为其原则的生动体现时，我们成为激励他人效仿的灯塔。通过这样做，我们创造了一种以善良、同情和尊重为特征的文化。这种转变，在核心价值观实践的推动下，有可能波及整个社会，促进和谐、公平和对所有人的同情。

这些引导我们走过人生复杂道路的指路明灯不仅是我们性格的基石，也是我们行动的基石。它们不仅仅是我们身份的标志；它们是照亮那些与我们同行的人的道路的灯塔。通过拥抱这些核心价值观，我们成为最优秀的自己，为让世界成为子孙后代更美好的地方做出贡献。当我们走过曲折的人生道路时，让我们的核心价值观成为指引我们的星座，确保我们留下充满同理心、正直和善良的遗产。

结论

当我们通过"穿越时间"这一页来结束我们的章节时，我对我们的旅程感到感激，并希望这次经历是值得的。这次航行是对人类智慧、信仰和理财审慎的深刻探索，引导我们穿越时间的走廊。

我们的探索始于一个简单的愿望，即揭开难以捉摸的智慧宝藏。当我们踏上这段旅程时，我们发现智慧远非局限于史册的古老遗迹，而是一个充满活力、不断发展的实体。它不是学者或哲学家的专属领域；相反，它是一座灯塔，指引着每一个愿意踏上内省、开放思想和终身学习之旅的人。

在我们叙述的前几章中，我们探讨了哲学作为智慧火炬手的意义。我们见证了哲学是如何不脱离日常生活，而是一个内在的部分。我们通过棱镜来分析我们的存在、行为和道德选择。通过哲学，我们发现智慧不仅仅是拥有知识，而是运用知识过上有意义的生活的睿智。

我们了解到，智慧并不局限于少数人；所有愿意踏上终身自我发现之旅的人都可以获得它。它是指导我们道德决策的指南针，帮助我们驾驭存在的复杂性。智慧不是一成不变的；它是一个永恒的伴侣，在我们穿越时间的过程中不断进化和成长。当我们冒险进入信仰的复杂地形时，我们的探索仍在继续。我们发现，信仰不仅限于宗教信仰；它包括对自己的信任，对自己的价值观的信任，以及对存在的深刻奥秘的信任。信仰是一根无形的线，它编织在我们的生活中，连接着我们的梦想、抱负和行动。此外，我们目睹了它对人类精神的影响。信仰在最黑暗的时刻支撑着我们，孕育着带领我们度过逆境的希望。对可能性不可动摇的信念给了我们前进的勇气。

我们明白，信仰是引导我们穿过存在迷宫的灯笼，把它的光投射在绝望的最黑暗的角落。翅膀下的风将我们推向我们曾经认为无法达到的高度。信仰不仅仅是一种精神概念，也是一种推动我们克服挑战、拥抱未知的力量。钥匙打开了通往充满目标和成就感的生活的大门。

在我们叙述的核心，我们讨论了金融智慧的复杂世界。在这里，我们认识到，财务智慧不仅仅是积累财富，而是理解我们的财务决策与生活质量之间的深刻相互作用。我们了解到，金融智慧为我们的梦想奠定了坚实的基础，同时也为子孙后代留下了持久的遗产。

关于金融智慧的章节探讨了早期投资和全面规划的重要性。我们在很小的时候就意识到了做出明智的财务决策的重要性，这些决策会随着时间的推移而变化，以确保我们的未来。我们发现，理财智慧不仅仅是管理金钱，而是管理生活。这些章节告诉我们，这不是目的，而是达到目的的手段。它是通往充满选择、经历和机会的生活的途径。金融智慧是一种工具，它使我们能够按照自己的意愿生活，摆脱金融不安全的枷锁。

我们探险的另一个方面使我们认识到培养终身关系的重要性。我们发现，这些联系是编织我们存在的复杂织锦的线索。它们反映了我们的旅程，提醒我们共同的人类经历。当我们研究培养终身关系的智慧时，我们发现了对周围人好的意义。我们认识到，我们创造的影响力和记忆是我们最宝贵的财富。在这些行动的回响中，我们发现了超越我们存在的遗产。

我们明白，培养人际关系是一种社会惯例，也是塑造我们世界的一种深刻行为。这是向旅途中的同行伸出援手的行为，创造了比我们个人故事更持久的联系。亲爱的读者，我们的旅程超越了单纯知识的界限；这是对实现的深刻追求。我们带着双重目的开始这次探险：理解生活中的这些重要元素，并将它们融入我们的日常生活。

在这些页面中，我们挖掘出了智慧、信仰和金融稳定的宝藏，它们不是理论概念，而是我们生活中活生生的元素。我们发现，实现不是遥远的梦想，而是现实。这不是一个难以捉摸的目标；这是每天的选择。在我们分道扬镳之际，我敦促你们牢记这一点。真正的财富不仅仅以银行账户或物质财富来衡量。我们所说的财富是做出正确选择的智慧，是在旅途中信任的信念，无论旅途多么动荡，也是实现梦想的财务稳定性。它是理解、同情的财富，以及对世界产生持久影响的能力。

最后，我对与我分享这段非凡的旅程表示最深切的感谢。愿我们所发现的教训照亮你在人生曲折中的道路。真正的目标不仅仅是理解这些原则，而是内化并践行它们，成为你命运的创造者。

这并不是你旅程的终点；相反，这是一个新的开始。当你合上书的时候，请记住你的故事会一直延续下去。在每一页上都充满你的经验智慧、对旅程的信心以及对财务的谨慎管理。留下爱、理解和深刻智慧的遗产，因为这些宝藏超越了时间的掌控。

在这本书的最后几页，我们的探险可能会暂停，但你的人生之旅是一个持续的互动过程。你补充的智慧、培养的信念和运用的理财谨慎将成为你的伴侣，引导你度过每一个转折，照亮最黑暗的角落，将你推向新的高度。在存在的叙述中，你是你故事的作者。每一天都是一页空白，等待着你充满智慧的经历、对旅程的信心和对财务的掌控。你的遗产，你传递的价值观，将胜过任何物质财富。记住，每一天都是一份礼物，一个书写故事的机会。